CONSEIL GÉNÉRAL

DE

LA GUADELOUPE

DISCUSSION RELATIVE :

1° A L'IMMIGRATION

2° AU DROIT DE SORTIE SUR LES SUCRES

PARIS

IMPRIMERIE LAPIROT ET BOULLAY

9, COUR DES MIRACLES, 9

1881

CONSEIL GÉNÉRAL DE LA GUADELOUPE

ONZIÈME SÉANCE. — 8 JANVIER 1881

Rapport de la Commission de l'immigration.

M. LE PRÉSIDENT. D'après l'ordre du jour, nous devrions discuter le rapport de la commission de l'immigration; mais plusieurs de nos collègues ont représenté que le rapporteur ayant été appelé à la campagne, il conviendrait d'attendre son retour avant d'entamer la discussion. Je proposerai donc l'ajournement à lundi matin.

M. DUCHASSAING. La séance pourrait être consacrée à la lecture du rapport qui serait faite par un collègue.

M. LE PRÉSIDENT. J'y verrais un inconvénient : quand viendrait le moment de la discussion, on ne se rappellerait plus ce dont il est question dans le rapport. Je ferai d'ailleurs observer que l'heure est avancée et que nous n'aurons pas peut-être le temps d'achever la lecture.

M. DUCHASSAING. Il est quatre heures, et en moins d'une heure la lecture sera faite.

M. ROLLIN. Tous les conseillers ayant le rapport, il serait préférable que chacun le lise en particulier.

M. LE DENTU. La lecture en séance générale est-elle obligatoire?

M. LACASCADE. Oui, mais j'estime qu'il conviendrait de la renvoyer à lundi.

M. RAIFFER. Si la lecture est faite immédiatement on aura perdu de vue les propositions du rapporteur, puisqu'elle aura précédé de quarante-huit heures la discussion.

M. JÉRÔME. Le rapport peut être lu ce soir. Si le conseil le veut, je me chargerai de ce soin.

M. LE PRÉSIDENT. Le conseil est-il d'avis que la lecture soit faite dans cette séance?

Le conseil répond affirmativement.

M. JÉRÔME. Je vais donc commencer.

« Messieurs les Conseillers généraux,

« J'ai l'honneur de vous donner connaissance du rapport de la commission d'immigration.

BUDGET DE 1879.

« Le compte présenté par l'administration sur les recettes et les dépenses du service de l'immigration, en 1878, présente les résultats suivants :

« Recettes évaluées à.	1,521,302f 06
« Recouvrements à.	1,560,856 58
« Différence en plus.	39,554 52

« Les droits constatés au profit de la caisse de l'immigration s'élevant à.	1,794,970 65
« Recouvrements.	1,560,856 58
« Il restait à recouvrer au 31 décembre 1879.	234,114 07

« Dans cette somme, les restes à recouvrer des années 1878 et antérieures entrent pour un chiffre de 233,317 fr. 87 cent.

« Nous reviendrons ailleurs sur la question de cet arriéré qui remonte jusqu'à l'année 1865 et figure chaque année dans les comptes du service de l'immigration.

« Les dépenses avaient été évaluées à	1,476,511 42
« Elles sont restées à.	1,193,866 13
« Différence en moins.	282,645 29

« Les dépenses liquidées se totalisant à. . .	1,193,866 13
« Les payements effectués à.	1,155,493 21
« Il restait à payer au 31 décembre 1879. .	38,372 92

Situation définitive de la caisse de l'immigration.

« Les réalisations s'étant élevées à.	1,560,856 58
et les payements à	1,155,493 21
« L'encaisse est au 31 décembre 1879 de. . .	405,363 37

« L'exactitude de ces chiffres a été reconnue.

BUDGET DE 1881.

« Les prévisions de l'administration pour l'exercice qui va commencer donnent la balance suivante :

« Recettes évaluées à. 1,592,789 00
« Dépenses. 1,331,092 79

« Excédent des recettes. 261,696 21

« J'appelle, Messieurs, votre attention sur cet excédent considérable, qui s'en irait, en maintenant le budget sur les bases proposées par l'administration, grossir encore l'encaisse de l'immigration.

« Si le budget total de la colonie a suivi, depuis quelques années, une marche rapidement croissante et touche aujourd'hui à 5,000,000, le budget de l'immigration a sa large part dans cette aggravation.

« En effet, en 1871, alors que les recouvrements se sont élevés pour le budget local à. 3,947,284 24

« Les recettes réalisées au compte de l'immigration montaient à. 939,890 43
« Et les dépenses payées à 592,889 18

« Dans les années qui suivent, le budget total se maintient aux environs de 4,100,000 francs et les comptes définitifs du budget de l'immigration, bien au-dessous de 1,000,000 de francs.

« En 1878, les recouvrements pour le budget local s'élèvent à. 4,758,642 50
« En 1879 à. 4,815,575 26

« D'autre part, les comptes définitifs pour ces deux exercices, en ce qui concerne l'immigration, donnent un chiffre de recettes réalisées. 1,649,981 42
« Et. 1,560,856 58

« Rappelons encore que les droits constatés dans ce dernier exercice ont monté même à près de 2 millions (1,794,970 fr. 85 c.)

« On voit par tous ces rapprochements, que le budget spécial au service de l'immigration croît dans une proportion plus forte que le budget général.

Recrutement.

« Il a paru à votre commission qu'il était utile de mettre un terme à cette marche croissante du budget qu'elle avait à discuter, mais dans une mesure qui ne pût compromettre aucun intérêt.

« De plus, le but de l'immigration n'est autre que de suppléer à l'insuffisance des bras pour la culture. La majorité de votre commission a pensé que, s'il faut favoriser l'introduction d'immigrants pour assurer le travail, on ne saurait vouloir que le nombre de ces immigrants devienne tel qu'ils puissent faire une concurrence nuisible aux travailleurs que le pays lui-même peut fournir.

« C'est dans ces deux pensées d'économie et de sage modération dans l'introduction de cette concurrence étrangère, que notre majorité a ramené à 1,800 Indiens seulement le contingent annuel.

« Cette diminution réduit déjà dans une mesure proportionnelle le chiffre de nos dépenses. Et les frais de recrutement et de transport ne sont plus de 976,500 francs, comme au projet de budget, mais seulement de 750,000 francs, y compris une somme de 12,000 francs prévue à titre de gratifications aux officiers et agents inférieurs.

Personnel de l'immigration.

« Dans le budget des dépenses, le personnel n'est porté que pour la somme de 50,000 francs, prévisée déjà aux budgets antérieurs.

« Cependant l'administration a présenté aux délibérations du conseil général, dans sa session dernière, un projet de réforme, qui n'a pu encore recevoir d'application. De là un état de malaise auquel il importe de mettre fin au plus tôt. Votre commission a fixé une organisation nouvelle qui diffère peu du projet de M. le directeur de l'intérieur et qu'elle soumet à votre appréciation.

« 1 inspecteur, chef de service, au traitement de.		12,000f 00
« 1 sous-inspecteur siégeant à la Basse-Terre, ci.	7,000f 00	
« 1 sous-inspecteur, siégeant à la Pointe-à-Pitre.	9,000 00	
« Pour les deux sous-inspecteurs. .		16,000 00
« 1 chef de bureau à la Pointe-à-Pitre.		6,000 00
« 1 sous-chef de bureau à la Basse-Terre.		4,000 00
« 1 syndic de 1re classe à la Pointe-à-Pitre, ci.	5,000 00	
« 1 *idem* au Moule.	5,500 00	
« 1 *idem* à la Capesterre (Guadeloupe).	5,000 00	
« Pour les trois syndics de 1re classe.		15,500 00
« 1 syndic de 2e classe au Lamentin. .	4,000 00	
« 1 *idem* au Port-Louis.	4,000 00	
« 1 *idem* à Marie-Galante.	4,000 00	
« Pour les trois syndics de 2e classe.		12,000 00
« 1 commis-interprète à la Basse-Terre.		1,600 00
« 1 écrivain à la Basse-Terre.		1,500 00
« 1 commis-interprète à la Pointe-à-Pitre.		3,000 00
« 1 écrivain à la Pointe-à-Pitre.		1,800 00
« 1 planton interprète à la Capesterre (Guadeloupe) .		600 00
« 1 *idem* à la Basse-Terre.		840 00
« 1 *idem* à la Pointe-à-Pitre.		1,000 00
« 1 *idem* à Marie-Galante.		500 00
« Ensemble.		76,340 00

« Tout ce personnel — service actif et service sédentaire — sous la haute autorité du directeur de l'intérieur, relève directement de l'inspecteur.

« En ce qui concerne l'intervention spéciale du procureur général dans le service de l'immigration et le caractère d'officiers de police judiciaire que le projet voudrait attribuer aux agents de ce service, votre commission croit devoir accepter les conclusions du dernier conseil. Pour tout le reste, elle vous propose, Messieurs, d'accepter le projet de l'administration.

« Vous avez pu voir, par le tableau ci-dessus, qu'un certain nombre de cantons n'ont point de syndics résidants. Le principe sans doute serait de placer un syndic auprès de chaque justice de paix. Une raison d'économie que vous apprécierez, Messieurs, vous force, d'accord avec l'administration, à limiter le nombre de ces agents. Il resterait donc à prendre, pour les chefs-lieux de canton qui n'en sont point pourvus, des mesures particulières, que votre commission vous demande de confier aux soins de l'administration elle-même.

Prime de rengagement.

« Le projet du budget porte, à titre de primes d'encouragement aux immigrants qui renouvelleront leurs contrats, une somme de. 55,000 00

« Et à titre de primes aux immigrants qui renonceront à leur rapatriement. 97,000 00

« Or, l'article 9 de la convention internationale du 1er juillet 1861, qui doit, aux termes mêmes des contrats d'engagement, servir de base à ces engagements, est formellement opposé à cette manière de faire.

« En effet, cet article 9 est ainsi conçu :

« N° 4. Si l'immigrant consent à contracter un nouvel engage-« ment, il aura droit à une prime et conservera le droit au rapa-« triement à l'expiration de ce second engagement. »

« Il est vrai que le contrat s'appuie sur le décret du 13 février 1852 lui-même, dont l'art. 2, § 2, est ainsi conçu :

« Il aura, pendant l'année qui suivra l'expiration du délai « fixé, la faculté d'opter entre la jouissance de ce droit (de rapa-« triement) et une prime d'une somme équivalente aux frais de « son rapatriement personnel. »

« Mais, considérant que les Indiens bien souvent dissipent cette prime de compensation et n'en doivent pas moins être rapatriés plus tard aux frais de la colonie, votre commission, sur la proposition d'ailleurs de M. le directeur de l'intérieur, vous offre de vous en tenir aux termes de la convention internationale, de supprimer la prime de rapatriement et de porter à 150 francs la prime déjà prévue pour tout rengagement.

« Ce qui ferait, pour le nombre de six cents rengagements admis par l'administration, un total de 90,000 francs.

« Les dépenses secondaires : *Frais de traitement dans les hôpitaux, indemnités aux médecins, aux infirmiers, etc.*, ont subi une réduction en rapport avec la diminution des recettes et du contingent.

« Par tous ces changements, dont je viens de vous indiquer l'esprit et la portée, le budget des dépenses de l'immigration, pour l'année 1881, se trouve modifié comme suit :

DÉPENSES

« Restes à payer des années antérieures.	1,038 42
« Restes à payer de l'année 1880.	36,472 87
« Dépenses du personnel.	76,340 00
« Accessoires de solde.	3,600 00
« Recrutement et transport de 1,800 Indiens (A).	750,000 00
« Primes de rengagement. . . . . (B).	90,000 00
« Remises à l'enregistrement 5 pour 100. . (C).	8,500 00
« Remises au trésorier sur les recettes. . . . (D).	5,350 00
« Matériel.	24,100 00
« Remboursement en cas de décès.	7,500 00
« Gardiennage.	6,000 00
« Frais de traitement dans les hôpitaux.	32,000 00
« Indemnité aux médecins.	15,000 00
« Indemnité aux infirmiers..	12,000 00
« Entretien des dépôts.	2,000 00
« Dépenses diverses et imprévues.	3,000 00
« Total.	1,072,901 79
« Le projet de l'administration s'élevait à	1,331,092 79
« Ce qui fait sur les dépenses une réduction de	258,191 00

OBSERVATIONS.

(A)	Recrutement de 900 Indiens de Calcutta à 150 francs ci	135,000 00	
	Recrutement de 900 Indiens de Pondichéry à 120 francs	108,000 00	
	Transport de 900 Indiens de Calcuta à 300 francs	270,000 00	
	Transport de 900 Indiens de Pondichéry à 250 francs	225,000 00	
	Gratifications aux officiers, etc	12,000 00	
			750,000 00
(B)	600 Indiens à 150 francs.		90,000 00
(C)	Restes à recouvrer	11,000 00	
	Droits d'engagement de 1,800 Indiens introduits.	112,950 00	
	Droits de rengagement	39,750 00	
		163,700 00	
	Remises sur 170,000 francs chiffre rond		8,500 00
(D)	1 pour 100 sur les recettes directes, soit 450,000 francs.	4,500 00	
	50 cent. pour 100 sur les recettes de l'enregistrement, soit 170,000 francs. . .	850 00	
			5,350 00

BUDGET DES RECETTES.

ARRIÉRÉ.

« Dans le projet de l'administration, les recettes présumées sur les restes à recouvrer des exercices antérieurs entrent pour une somme de 11,000 francs. Eu égard à ce chiffre, M. le directeur de l'intérieur nous a fait connaître que, grâce aux mesures qu'il a mises en vigueur, on a pu déjà réaliser à ce titre une rentrée de 15,000 francs.

« Il y a longtemps que ce compte d'arriérés figure dans le budget des recettes. Ces créances remontent jusqu'à 1865. Leur recouvrement a été, en divers temps, confié à des mains différentes et, en dernier lieu, par arrêté du 20 février 1875, au service de l'enregistrement. L'ancienneté de la dette, les modes différents de recouvrement ont dû introduire certaines incertitudes et certaines irrégularités dans la fixation de la dette elle-même, où doivent figurer, on le conçoit, un grand nombre de créances tombées en non-valeur.

« Une commission spéciale a été nommée pour vérifier les titres sur lesquels repose cet arriéré. Le travail de cette commission a porté sur un chiffre de 189,880 fr. 12 c. de créances arriérées sur les exercices 1878 et antérieurs.

« Après élimitation d'une première somme de 31,193 fr. 02 cent., soit que les débiteurs aient été reconnus insolvables, soit qu'ils aient justifié de payements dont le bureau de l'immigration n'avait pas tenu compte, la commission a eu recours à un travail analogue effectué par les préposés de l'enregistrement. Et voici les résultats qu'elle a pu établir :

« 1° Créances éliminées par la commission. . .	31,193 02
« 2° Créances à annuler par suite de recouvrement.	31,772 43
« 3° Créances à annuler pour cause d'insolvabilité	86,576 41
« 4° Créances susceptibles de recouvrement. .	40,342 23
« Cette somme de.	189,884 09
« Sauf une légère différence de.	3 97
« Représente celle de.	189,880 12

« Indiquée ci-dessus.

« Le fonds des arriérés sur lesquels on peut compter pour les exercices 1878 et antérieurs, se réduit donc à 40,342 fr. 23 cent.

Subvention de la colonie. — Décimes.

« La subvention de la colonie est toujours comptée dans le projet pour la somme de 400,000 francs, comme précédemment, qui, diminuée des 3 p. 100, produit un chiffre net de 388,000 fr.

« Votre commission l'a réduite à 300,000 francs que la déduction des 3 pour 100 ramène à 291,000 francs seulement.

« Le produit des décimes attribués à la caisse d'immigration était porté au chiffre énorme de 516,539 francs. Nous l'avons rabaissé à 195,000 francs, en maintenant les seuls décimes perçus sur le sucre et le café.

« Ce sont là des diminutions considérables au budget des recettes, qui, pour cette année, atteignait plus d'un million et demi.

« Mais cette cause d'économie n'est pas la seule qui a inspiré votre commission.

« Dès l'entrée en discussion, nous nous sommes trouvés en présence de deux principes : l'un, établi depuis l'origine même de l'immigration, et qui considère l'immigration comme d'intérêt général. Il eût été téméraire, et c'est votre avis, Messieurs, de chercher à y contredire. Il ressort de ce principe que la colonie doit contribuer dans une part commune à la dépense que nécessite l'immigration.

« Mais ce principe trouve un correctif dans cette considération, qui n'est pas moins ancienne, que ceux qui ont le besoin le plus direct, le plus immédiat de l'immigration, soient aussi ceux qui aient la plus large part dans les charges.

« Or, les dépenses occasionnées par l'immigration étaient couvertes précédemment :

« 1° Par la subvention coloniale, à laquelle, bien entendu, coopèrent tous les contribuables;

« 2° Par le produit des décimes perçus sur la plupart des contributions, charge qui revient encore à tous;

« 3° Enfin, par le produit des primes et des droits au compte des engagistes.

« Si nous nous reportons au budget présenté par l'administration, nous trouvons que la part commune est de 400,000 00 (subvention coloniale).

516,539 00 (produit des décimes).

« Ensemble. 916,539 00

« Il est vrai que dans ces décimes le sucre et le café entrent pour une somme de 195,000 francs.

« Remarquons, en passant, que les décimes sur les droits de consommation des spiritueux produisent déjà 192,000 francs, et que ces 192,000 francs sont payés même par les contribuables à qui l'immigration n'est d'aucun avantage.

« Les engagistes, d'autre part, n'interviennent directement que pour. . . . . 632,500 00 (primes d'introduction).

39,750 00 (droits de rengagement).

« Ensemble. 672,250 00

« Pour ne rien omettre, reconnaissons que les droits sur le sucre et le café, principal et décime, fournissent le quart du budget local, et que, par conséquent, l'on peut dire qu'ils entrent pour une proportion de 100,000 francs dans le montant de la subvention. Ce qui rétablit les proportions précédentes sur ces bases nouvelles :

« Payé par les engagistes directement.	672,250 00
« Part proportionnelle dans la subvention. . .	100,000 00
« Produit des décimes sur sucre et café. . . .	195,000 00
« Ensemble.	967,250 00
« Part commune dans la subvention.	300,000 00
« Produit des décimes sur les autres contributions.	321,539 00
« Ensemble.	621,539 00

« Par où l'on voit que tous les contribuables, y compris les travailleurs libres, entrent pour une part considérable dans une dépense qui ne leur profite pas directement.

« Votre commission, sans toucher au principe d'utilité publique, a cherché une nouvelle répartition des charges qui lui a paru plus équitable, et qui a pour résultat de diminuer les charges communes en demandant une plus large part à ceux qui se servent immédiatement de l'immigration. Elle s'est rapprochée, autant que possible, de ce juste principe, que celui qui se sert de l'immigration doive la payer. Et c'est par suite de ces considérations, qu'elle a pensé que la part commune serait suffisamment représentée par une subvention de 300,000 francs, et qu'il convenait, vu d'ailleurs les besoins plus restreints du budget en raison de la diminution des dépenses, de dégrever du décime et du double décime toutes les matières étrangères à l'immigration.

Prime d'introduction.

« De toutes ces modifications, il résulte que la prime d'introduction que paye l'engagiste a dû être augmentée. Elle l'a été toutefois dans une mesure étroite, puisque l'augmentation est seulement de 35 francs. Et c'est ici, Messieurs, qu'apparaît davantage l'esprit de modération et le désir de concorde qui n'ont cessé d'inspirer votre commission.

« Le prix de l'engagement sera désormais, si vous acceptez nos calculs, 285 francs pour chaque Indien, venant de Calcutta, et 322 fr. 50 cent. pour chaque Indien, venant de Pondichéry.

Droits sur les rengagements.

« L'administration a fait figurer dans son budget une somme de 39,750 francs à titre de droits fixes et proportionnels sur les rengagements.

« L'article 3 du décret du 13 février 1852 établit, en effet, qu'un droit fixe et qu'un droit proportionnel seront perçus sur chaque engagement et chaque renouvellement ou transfert d'engagement. Cette disposition, depuis longtemps non observée, a été, en diverses fois, rappelée : par l'arrêté du 19 février 1861 (art. 44) et par une dépêche ministérielle du 25 février 1864. Votre commission, d'accord avec l'administration, vous prie, Messieurs, de donner un avis favorable à un projet d'arrêté qui a pour but de revenir à l'ancienne application du décret.

« *Projet d'arrêté relatif à la perception des droits fixes et proportionnels sur tous les contrats d'engagement, de rengagement d'immigrants et tous les transferts des dits contrats.*

« Le Gouverneur de la Guadeloupe et dépendances,

« Vu l'article 3 du décret du 13 février 1852;

« Vu l'article 44 de l'arrêté du 19 février 1861, ainsi conçu :

« Chaque période de rengagement entraîne le payement par « l'engagiste des droits d'enregistrement fixes et proportionnels. « d'après l'article 3 du décret du 13 février 1852. »

« Vu la dépêche ministérielle du 25 février 1864, n° 85:

« Sur la proposition du directeur de l'intérieur,

« Le conseil privé entendu,

« Arrête :

« Article 1er. A partir du 1er janvier 1881, tous les contrats d'engagement et de rengagement d'immigrants, et tous les transferts desdits contrats, seront soumis à la perception des droits fixes et proportionnels déterminés par le décret du 13 février 1852.

« Art. 2. Ces actes seront adressés par les maires ou greffiers aux fonctionnaires compétents de l'immigration, pour être soumis à leur visa, et seront, par ces derniers, transmis au bureau de l'enregistrement du domicile de l'engagiste pour la perception des droits.

« Art. 3. Les dispositions ci-dessus ne s'appliqueront pas aux contrats passés par les immigrants qui auront été régulièrement autorisés à séjourner librement dans la colonie. Ces derniers contrats, considérés comme actes de droit commun, ne supporteront, si l'enregistrement en est requis, que les droits déterminés par les tarifs ordinaires de l'enregistrement.

« Art. 4. Le directeur de l'intérieur est chargé de l'exécution du présent arrêté, qui sera inséré à la *Gazette* et au *Bulletin* officiels. »

« Tous ces changements modifient comme suit le budget des recettes :

RECETTES.

« Reliquat au 1er janvier 1880	Mémoire.
« Recettes présumées sur les restes à recouvrer.	11,000f 00
« Subvention de la colonie (A)	291,000 00
« Décimes sur le sucre et le café (B)	195,000 00
A reporter	497,000 00

OBSERVATIONS.

(A)	Montant brut.	300,000f 00	
	A déduire 3 pour 100 pour les Invalides.	9,000 00	
	Reste égal.		291,000f 00
(B)	Droits de sortie sur les sucres.	950,000 00	
	Droits de sortie sur les cafés.	25,000 00	
		975,000 00	
	Double décime sur un principal de 975,000 francs . . .		195,000 00

Report	497,000f 00
« Remboursement des primes au compte des engagistes . . . . (c)	433,500 00
« Droits fixes et proportionnels sur les engagements	112,950 00
« Droits fixes et proportionnels sur les rengagements	39,750 00
« Recettes diverses	5,000 00
« Total	1,088,500 00
« Le projet de l'administration prévoit en recettes	1,592,789 00
« C'est donc une réduction de. .	504,289 00

Contrats d'engagements.

« Outre ces précédentes réformes qui se rattachent directement au budget, votre commission vous demande quelques autres réformes touchant les contrats d'engagement et le mode de répartition des immigrants.

« Les contrats actuels portent :

« Art. 5. L'engagé subira, pour chaque jour d'absence ou de « cessation de travail sans motif légitime, indépendamment de

(C)

Primes d'introduction :		
900 Indiens de Calcutta à 285 francs . .	256,500 00	
900 Indiens de Pondichéry à 322 fr. 50 c.	290,250 00	
		546,750 00
A déduire :		
Droits fixes sur 1,800 Indiens à 30 fr. .	54,000 00	
Droits proportionnels sur 1,020 hommes à 37 fr. 50 cent	38,250 00	
Droits proportionnels sur 600 femmes à 30 francs	18,000 00	
Droits proportionnels sur 180 non adultes à 15 francs	2,700 00	
		112,950 00
		433,800 00

BALANCE :

Recettes évaluées à.	1,088,500f00
Dépenses évaluées à	1,072,901 79
Excédent présumé des recettes	15,546 21

« la privation de salaire pour cette journée, la retenue d'une « seconde journée de salaire, à titres de dommages-intérêts. »

« Cette clause a soulevé les réclamations du gouvernement de l'Inde anglaise. Le ministre de la marine et des colonies en a informé l'administration locale et lui a adressé, à ce sujet, deux dépêches en date du 20 juillet et du 5 octobre 1880, qui nous ont été communiquées. Le ministre, d'accord avec le gouverneur des établissements français dans l'Inde, reconnait la légalité de la disposition critiquée, qui n'est en réalité que la reproduction de l'article 6 du décret du 13 février 1852. Même l'article 7 de ce décret ajoute que : « pourra être condamné, dans « des limites déterminées, à une amende de police, tout ouvrier, « cultivateur ou autre qui aura subi trois fois la retenue dans « le cours de trois mois, et à l'emprisonnement, tout coupable de « récidive. »

« Toutefois, le ministre a pensé et c'est aussi notre avis, qu'au moment où le maintien de l'immigration indienne à destination de nos colonies est mis en question, nous avons, intérêt à ne soulever sur des questions de détail aucun conflit qui soit de nature à rendre plus difficile la conclusion d'une nouvelle convention. Votre commission, à l'unanimité, est d'avis en conséquence que nous nous en tenions purement et simplement, dans les cas prévus, à l'esprit de l'article 9 de la convention internationale.

« Or, cet article 9 établit seulement qu'en cas d'interruption volontaire du travail, dûment constatée, l'immigrant devra un nombre de journées égal à celui de l'interruption. Rien là qui stipule aucune retenue à titre de dommages-intérêts ou autre.

« La dépêche ministérielle tend de plus à établir que les jours de maladie constatée ne doivent pas être considérés comme jours de chômage. Votre commission, tout en acceptant la nécessité de certaines concessions, est portée à croire qu'une telle proposition porterait bien des atteintes aux intérêts de l'engagiste, et est d'avis que les jours de maladie continuent à n'être point comptés dans la durée de l'engagement.

« En outre, votre commission émet le vœu que tout en retranchant les retenues faites par l'engagiste sur l'engagé, une pénalité soit maintenue, comme précédemment, contre l'engagé coupable de trois manquements au travail.

« L'article 6 du contrat actuel, qui fixe à 12 fr. 50 cent. par mois de 26 jours de travail, le salaire de l'immigrant, ajoute que « moitié de cette somme lui sera payée fin de chaque mois, et « l'autre moitié, fin de chaque année. »

« Une pareille disposition nous a paru mauvaise, à nous, aussi bien qu'à l'administration. Par là, l'immigrant n'a plus, pendant tout le cours de l'année, qu'un traitement habituel fort insuffisant; et plus tard, on lui livre une somme relativement élevée, précisément alors que, tout travail cessant, il est appelé à la dissiper en quelques jours. Il est vrai que cette disposition n'était, paraît-il, qu'exceptionnellement suivie. Néanmoins, votre commission est unanime à vous proposer de réformer cette clause du contrat et d'établir d'une manière régulière et uniforme, que l'engagé recevra à la fin de chaque mois la totalité du salaire qui lui est dû, quel qu'il soit.

Répartition aux petits planteurs.

« Les réformes proposées sur le mode de répartition des convois d'Indiens concernent les petits planteurs. En l'état de choses actuel, on ne peut s'inscrire pour une demande de moins de 5 travailleurs, à moins que ce ne soit à titre de domestiques, auquel cas on ne peut guère en recevoir plus d'un sur le chiffre de 25 Indiens distraits de chaque convoi pour les besoins de la domesticité. Il arrive que, enfermés dans ces limites, les petits propriétaires ne peuvent jouir du bénéfice de l'immigration, n'ayant point, d'une part, des besoins et des ressources assez étendus pour prendre 5 Indiens, et ne trouvant pas leur compte d'ailleurs à n'en demander qu'un seul.

« L'arrêté du 27 janvier dernier divise les habitations, au point de vue de la collocation et de la répartition des immigrants, en cinq catégories. Votre commission, à l'unanimité, vous propose de créer une sixième catégorie en faveur des petites habitations de deux hectares au moins, qui pourraient désormais recevoir un Indien par deux hectares, avec cette restriction toutefois, afin de respecter les intérêts des premiers inscrits, qu'aucune de ces habitations ou propriétés ne pourra jamais recevoir plus d'un Indien par convoi et plus de deux par an.

« Pour assurer cette nouvelle répartition, il serait distrait de chaque convoi un nombre de 40 immigrants, dont 15 seulement affectés aux besoins de la domesticité et 25 répartis entre les petits propriétaires inscrits à cet effet.

Immigration chinoise.

« L'année dernière, le conseil général demandait à l'administration des renseignements au sujet d'une compagnie chinoise, en voie de formation à Shang-Haï, pour le recrutement et le transport dans nos colonies de coolies chinois.

« Cette année, M. le directeur de l'intérieur a mis sous les yeux de la commission une lettre du ministre de la marine qui l'informe que cette compagnie est en instance auprès de la cour de Pékin pour obtenir l'autorisation nécessaire. Le ministre insiste sur la nécessité de ne laisser subsister aucun doute sur la participation de nos colonies à la répartition qui serait faite des engagés chinois, l'intervention du gouvernement français dans cette affaire demeurant subordonnée à cette condition.

« Votre commission croit qu'en principe et dans une sage mesure, toute immigration est bonne. Mais dans l'espèce, avant d'engager le pays à rien, elle désirerait connaître ce que sera cette immigration nouvelle : sera-t-elle libre, ou soumise à des conditions et des règlements analogues à ceux de l'immigration indienne? L'Etat interviendra-t-il dans les frais de recrutement et de transport, comme pour l'immigration indienne? et enfin quelle sera approximativement la prime d'introduction pour ces immigrants chinois?

« Toutes questions qui ne sont pas même abordées, et qu'il importe d'éclaircir avant tout.

Convoi de rapatriement.

« Dans son rapport sur l'état des recettes et des dépenses du budget de l'immigration, M. le directeur de l'intérieur, au sujet du dernier convoi de rapatriement, ajoute incidemment :

« On sait par suite de quelles circonstances inattendues cette « opération de rapatriement, qui semblait complètement achevée « au mois de septembre, s'est trouvée interrompue un mois plus « tard. L'administration, sans entrer à ce sujet dans de plus am« ples détails, se borne à tenir le dossier de l'affaire à la dispo« sition du conseil général. »

« Le dossier nous a été remis. Votre commission en a pris connaissance. Et elle en a tiré cette impression favorable que la conduite de l'administration a été, en toute chose, régulière, consciencieuse et louable, et qu'on ne peut lui attribuer à mal l'insuccès de l'opération pas plus que les événements malheureux que nul ne pouvait prévoir.

CONCLUSION.

« Voilà, Messieurs les conseillers généraux, les réformes que votre commission, à l'unanimité pour quelques-unes, à la majorité de 4 voix contre 5 pour le plus grand nombre et les plus importantes, vous propose d'accepter :

« 1° Réorganiser le service de l'immigration sur les bases indiquées précédemment :

« Avec un inspecteur, chef de service;

« Un sous-inspecteur à la Basse-Terre et à la Pointe-à-Pitre;

« Trois syndics de 1re classe à la Pointe-à-Pitre, au Moule et à la Capesterre (Guadeloupe);

« Trois syndics de 2e classe au Lamentin, au Port-Louis et à Marie-Galante;

« Un chef de bureau, un commis, un interprète, un écrivain, un planton-interprète à la Pointe-à-Pitre;

« Un sous-chef de bureau, un commis-interprète, un écrivain, un planton-interprète à la Basse-Terre;

« Un planton-interprète dans le canton de la Capesterre;

« Un planton-interprète à Marie-Galante;

« 2° Voter pour assurer ce service une somme de 76,340 fr.;

« 3° Réduire à 1,800 Indiens le contingent annuel d'introduction;

« 4° Supprimer la renonciation au rapatriement des immigrants qui se rengagent;

« 5° Supprimer, en conséquence, la prime dite de rapatriement;

« 6° Élever la prime de rengagement à 150 francs pour tous les cas;

« 7° Réduire la subvention coloniale à 300,000 francs;

« 8° Ne prélever de décimes, au compte de la caisse de l'immigration, que sur le sucre et le café;

« 9° Élever de 35 francs la prime d'introduction payée par l'engagiste, pour les Indiens de toute provenance;

« 10° Rétablir les droits sur les rengagements et les transferts de contrats;

« 11° Retrancher l'article 5 du contrat d'engagement ainsi conçu : « L'engagé subira, pour chaque jour d'absence ou de « cessation de travail sans motif légitime, indépendamment de la « privation de salaire pour cette journée, la retenue d'une seconde « journée de salaire à titre de dommages-intérêts. » Et s'en tenir à l'article 2, ainsi modifié : « Dans le cas où l'interruption de « travail proviendrait du fait de l'engagé, ce dernier devra un « nombre égal de jours égal à celui de la durée de l'inter- « ruption. »

« 12° Modifier comme suit l'article 6 du même contrat : « Le « salaire de l'engagé est de 12 fr. 50 cent. par mois de 26 jours « à partir de huit jours après son débarquement dans la co- « lonie. Ce qui lui est dû pour ses journées de travail, quel « qu'en soit le nombre, lui sera intégralement payé fin de chaque « mois. »

« 13° Créer dans la classification qu'on a faite des propriétés, au point de vue de la répartition des convois d'immigrants, une sixième catégorie en faveur des plus petites habitations. Celles-ci pourront s'inscrire à raison d'un Indien par deux hectares de terre cultivable, mais ne pourront en recevoir jamais plus d'un par convoi et plus de deux par an.

« 14° Établir qu'il sera distrait, sur chaque convoi, un nombre de quarante Indiens, dont quinze pour la domesticité et vingt-cinq pour les petits planteurs.

« 15° Émettre le vœu que le décret du 13 février soit modifié dans le sens suivant : supprimer les retenues faites par l'engagiste et maintenir la pénalité contre l'engagé coupable de trois manquements au travail et de récidive.

« Messieurs les conseillers généraux, vous connaissez l'œuvre de votre commission. Nous avons voulu respecter les intérêts particuliers, autant que possible, tout en cherchant le bien général. Nous croyons avoir fait pour le mieux. Nous croyons que les réformes que nous vous proposons sont toutes empreintes d'un sage esprit de modération. Nous avons l'espérance que vous y donnerez un avis favorable. »

DOUZIÈME SÉANCE. — 10 JANVIER 1881

PRÉSIDENCE DE M. JEAN-ROMAIN, VICE-PRÉSIDENT.

Discussion du rapport de la Commission d'immigration.

M. le Président. Messieurs, l'ordre du jour appelle la discussion du rapport de la commission d'immigration dont lecture a été donnée à la dernière séance.

La discussion générale est ouverte.

M. le Directeur de l'intérieur. Je tiens à déclarer que l'accord s'est fait entre l'administration et la commission sur l'ensemble des propositions de celle-ci; il n'y a divergence de vues que sur quelques points de détail, au sujet desquels j'aurai à présenter des observations dans le cours de la discussion.

La parole est à M. Dubos.

M. Dubos. Messieurs, la majorité de la commission craint que le nombre des immigrants, si l'on en introduit plus de 1,800 par année, ne produise une concurrence nuisible aux travailleurs que le pays lui-même peut fournir.

Rien n'établit mieux ce qu'il y a de peu sérieux dans cette appréhension, que l'impatience avec laquelle les convois d'immigrants sont attendus, l'empressement que chacun met à enlever ceux qui lui sont attribués, et les sacrifices réels que tous s'imposent afin de se les procurer.

Vous n'ignorez pas que les cultivateurs du pays sont généralement préférés aux Indiens; mais il est, sur les habitations, des services auxquels le créole ne peut pas s'astreindre, certains travaux qu'il refuse d'exécuter le plus souvent, et que, pour ce motif, celui qui demande et prend des Indiens, le fait toujours parce qu'il ne peut s'en dispenser.

Dans ces conditions, comment admettre que la colonie puisse, de sitôt, posséder le nombre d'immigrants indispensable aux travaux de la culture, si, au moment même où les demandes se multiplient le plus, et où, dans votre sagesse et votre équité, vous tenez à faire participer tous les petits propriétaires aux avantages de l'immigration, vous réduisez brusquement d'un bon tiers le chiffre d'introduction?

La majorité de la commission, après avoir admis ce principe que l'immigration est bien d'intérêt général, ajoute que ce principe trouve un correctif dans cette considération que ceux qui ont le besoin le plus direct, le plus immédiat de l'immigration, soient aussi ceux qui aient la plus large part dans les charges.

Pourquoi donc un correctif à un principe aussi bien établi, aussi complètement accepté?

Et, s'il faut admettre un correctif, pourquoi s'applique-t-il, non à celui qui profite le plus sûrement des avantages produits par l'immigration, c'est-à-dire au pays tout entier, mais bien à ceux qui, comme on le dit, en ont le besoin le plus direct, le plus immédiat pour se livrer à la culture de la canne, alors que cette culture ne leur laisse que bien peu de profit, si elle ne les conduit pas à la ruine?

Permettez-moi, Messieurs, de vous rappeler dans quelles circonstances il est devenu indispensable d'établir les bases de l'immigration et de vous dire comment les dépenses excessives qui ont été nécessitées par l'introduction des bras étrangers ont occasionné fatalement la dépossession de la presque totalité des anciens propriétaires d'habitations de la colonie.

La révolution de 1848 n'eut pas pour effet, comme on pourrait le croire, la désertion immédiate de toutes les propriétés. Partout la récolte fut à peu près enlevée, moyennant une rétribution de 25 francs par barrique de sucre, accordée aux ateliers.

Pour les récoltes à préparer, l'association fut assez généralement adoptée sur la base de l'attribution du tiers du produit brut.

Cette association, dont l'abandon fut si regrettable, n'a pu être maintenue que pour une année à peine. Sur quelques propriétés privilégiées, elle a néanmoins été pratiquée pendant plusieurs années.

C'est l'amour de l'indépendance qui amena les cultivateurs à rompre le contrat, malgré tous les avantages qu'il leur procurait.

Il ne fut pas plus facile alors qu'il ne l'est aujourd'hui, qu'il ne le sera certainement demain, d'obtenir du cultivateur créole, si bien doué par ailleurs, l'assiduité indispensable pour les travaux et les soins de toute nature qu'exige une exploitation agricole.

Toutes les qualités incontestables que chacun se plaît à lui reconnaître ne sauraient racheter cette absence d'application, cette révolte contre tout assujettissement, cette passion d'indépendance absolue qui lui fait refuser, à tout prix, les services les plus indispensables sur les habitations.

Aussi, quoi que l'on puisse dire, ne considère-t-il nullement omme un rival l'immigrant indien qui le remplace, certain qu'il est d'avoir toute préférence sur ce dernier, pour peu qu'il veuille s'en donner la peine.

D'ailleurs, n'est-ce pas grâce à l'immigrant qu'il trouve ouvertes des habitations où il peut se faire le volontaire, l'irrégulier du travail? Il n'accepte ce travail qu'à ses heures; il l'exécute comme il l'entend.

Propriétaire le plus souvent ou fermier d'un terrain qu'il se plaît à cultiver lui-même avec sa famille, il ne se présente dans un atelier que pour y fournir quelques journées, afin de se procurer l'argent qui lui manque.

Par suite de la rupture des contrats d'association, le travail fut à peu près partout suspendu. L'exportation du sucre qui, en 1847, avait été de 75,000 barriques, tomba à 25,000 barriques de sucre en 1850.

La situation devint tellement grave que le gouvernement métropolitain crut nécessaire d'établir les bases de l'immigration et trouva équitable de prendre à sa charge une bonne partie des frais d'introduction.

Lorsque les premiers convois arrivèrent, la situation des habitants, quoique des plus précaires, n'était pas sérieusement obérée, par la raison que l'indemnité des esclaves avait été attribuée aux créanciers.

Mais la baisse des prix du sucre occasionnée par le développement considérable de l'industrie sucrière en Europe, le renchérissement de tous les objets de consommation, la main-d'œuvre, naguères obtenue gratuitement, et absorbant à ce moment plus du tiers du produit brut, — toutes ces causes d'embarras se faisaient déjà vivement sentir, avec le manque de bras.

Les habitants, aux abois, cherchèrent leur salut dans l'immigration.

Malheureusement l'immigration allait entraîner à des dépenses hors de proportion avec le travail obtenu : de là, l'augmentation de la dette, en raison directe du relèvement du chiffre d'exportation. Seule la caisse coloniale, au moyen de la taxe fixe sur chaque barrique de sucre, vit augmenter les profits qu'elle s'était assurés.

Il est constant que ce sont les dépenses exagérées de l'immigration, dépenses devenues indispensables, par suite de l'émancipation et de la désertion des ateliers créoles, qui ont surchargé de dettes la plupart des habitants.

Une taxe élevée perçue sur des recettes produites à perte a achevé leur ruine.

Pendant les premières années, l'immigration s'est faite dans des conditions désastreuses, à cause du mauvais choix des sujets recrutés.

Qui donc a oublié les déceptions, les déboires, les misères si coûteuses de ces premiers essais?

Qui ne se rappelle ces Européens recrutés dans les cabarets du Gers? et ces tristes Madériens? et ces rebuts de la population de la Chine? et ces intraitables noirs du Cap-Vert? et ces Anamites, le plus grand nombre révoltés politiques, d'autres transportés du bagne sur nos habitations sans défense? et ces Congos décimés par la maladie du sommeil, presque tous disparus?

Les Indiens eux-mêmes, si indispensables à la prospérité du pays, prospérité qu'ils maintiennent, après l'avoir établie par leur travail, que n'ont-ils pas coûté? Que ne coûtent-ils pas encore tous les jours à ceux qui sont condamnés à les employer, pour n'arriver, bien souvent, qu'à retarder de quelques années une ruine inévitable?

La colonie seule profite le plus souvent des efforts de ces malheureux planteurs.

De 1852 à 1863, la majeure partie des habitations furent remises en culture, au moyen de l'immigration, et l'exportation du sucre s'éleva progressivement de 25 à 60,000 barriques.

Mais si la caisse coloniale a trouvé son compte dans l'accroissement des récoltes, par la perception du droit de sortie; si la population tout entière a profité de la diffusion des sommes considérables dépensées chaque année pour assurer cette grande production, l'habitant, lui, accablé sous les charges de toutes sortes, s'est endetté d'une somme supérieure bien souvent à la valeur de sa propriété.

Les commissionnaires, intéressés à soutenir la campagne, y avaient jeté tous les capitaux qu'ils purent se procurer, soit à la banque, soit dans le commerce de la métropole.

Ils furent réduits, eux aussi, à la plus grande gêne, et plusieurs d'entre eux se substituant à des débiteurs insolvables exploitèrent pour leur propre compte des habitations qui allaient, en bien peu de temps, les conduire à une catastrophe qui a détruit le crédit du commerce, et où la banque coloniale elle-même a failli disparaître.

Il était réservé aux usines de rétablir la situation en peu d'années.

Depuis 1860, la révolution industrielle était commencée.

Quelques propriétaires munis d'appareils puissants, qui leur permettaient de produire à moins de frais et d'obtenir un meilleur rendement de la canne, purent supporter plus facilement les dépenses de l'immigration, sortie enfin de la période des essais et des tâtonnements; il leur fut possible d'acquérir et de remettre en culture la plupart des propriétés abandonnées dans leur voisinage, préservant bien souvent aussi la caisse coloniale des conséquences du fonctionnement de la garantie consentie envers le Crédit foncier.

Ils vinrent en aide, par des avances de fonds, aux propriétaires les moins compromis, et la situation générale fut ainsi sauvée, malgré la dépossession, bien regrettable sans doute, d'un grand nombre d'habitants.

Au fur et à mesure de l'arrivée des immigrants et de l'extension de la culture, les journaliers créoles furent plus recherchés.

Ils aidèrent à entretenir, surtout à récolter les plantations, laissant aux Indiens la charge de tous les travaux qui demandent de l'assiduité.

Aussi, le prix du salaire s'éleva-t-il progressivement de 60 centimes à 1 fr. 80 cent. pour les champs, et de 2 francs à 8 francs pour les fabriques.

Si une réduction venait à se produire dans l'étendue des cultures, et, par conséquent, dans le chiffre d'importation, par suite de l'amoindrissement voulu du courant d'immigration, ou à cause des charges dont l'industrie peut se trouver frappée, il faudrait prévoir une baisse sur ces prix de salaire.

La réduction se ferait nécessairement en raison directe de l'abandon de la culture.

Les prix actuels ne peuvent s'élever davantage, parce que déjà ils ont cessé d'être en rapport avec la valeur de la marchandise produite ; mais ils peuvent facilement baisser.

Aussi, vous prendrez en considération, Messieurs, le peu de profit réel que donne l'immigrant à celui qui l'emploie, tandis que la caisse coloniale recueille sûrement les droits de toute nature, aussi bien sur les produits exportables dûs à son travail que sur le tafia et toutes les marchandises d'importation qu'il consomme

Vous ne perdrez pas de vue que la colonie tout entière joui d'une aisance que l'immigration n'a pas peu contribué à lui s surer.

Vous conserverez au budget de l'immigration toutes les res sources qu'y a fait figurer l'administration, ainsi que le chiffre e 2,350 Indiens à introduire pendant l'année courante.

En un mot, vous ne ferez de réduction d'aucune sorte au budge qui vous a été présenté par l'administration.

C'est une question vitale pour la colonie.

M. Ludger Jérôme. Je ne remonterai pas aussi haut dans le passe que l'honorable préopinant ; mais je demande au conseil la per mission d'entrer dans quelques détails pour déterminer la charge que supporte l'hectare de terre planté en cannes. J'espère prouver que la canne n'est pas, comme on le prétend, la bête de somme de la colonie ; qu'elle est protégée, favorisée, et que qui se plaint en son nom n'a pas raison de le faire ; je prouverai que l'hectare de canne ne supporte que 13 fr. 80 cent. Ce n'est pas là un impôt exagéré, et il n'y a pas lieu de crier à l'injustice.

Les prévisions du projet de budget de 1881 pour les droits de sortie représentatifs de l'impôt foncier sur les sucres, café, tafia, coton, cacao, roucou, mélasse, etc., y compris les doubles décimes au profit de la caisse d'immigration et les centimes au profit de la chambre d'agriculture de la Grande-Terre, s'élèvent à 1,250,800 francs. C'est là le beau côté de la médaille ; mais ne vous laissez pas abuser par cette perspective trompeuse, par ce mirage ; l'autre face de la médaille est décevante. Si la colonie reçoit un million et plus, combien restitue-t-elle à la canne par des canaux différents ? C'est ce que nous allons examiner.

D'abord elle assure une subvention minimum à la caisse d'immigration de 300,000 francs; puis à la même caisse par l'établissement d'un double décime sur les objets de consommation et diverses contributions, 325,000 fr.; puis par le fonctionnement de la garantie coloniale envers le Crédit foncier qui ne profite en général qu'à la grande propriété rurale, 225,000 francs ; enfin par l'entretien des dépôts d'immigrants, 10,050 francs : ensemble 865,008 fr. 48 cent. La colonie touchant 1,250,800 fr. de l'agriculture et lui restituant sous des formes diverses 865,008 fr. 48 c., il ne reste net pour contribuer aux dépenses générales du budget qu'une somme de 385,335 fr. 36 cent. Voilà donc ce que représente pour nous l'impôt foncier.

Quel est maintenant le nombre d'hectares plantés en cannes, coton, cafier, etc. ? Il est de 28,452.

M. Souques. Qui vous a fourni ces chiffres?

M. Jérôme. Je les puise dans l'Annuaire de la Guadeloupe.

M. Jérôme, continuant. 28,452 hectares rapportent 385,335 fr. 36 cent., la charge de l'hectare n'est, comme je l'ai dit, que de 13 fr. 80 cent. Semble-t-il que cette proportion soit exorbitante? Qu'il y ait lieu de crier à l'inégalité, à l'injustice ? Vous ne le penserez pas, Messieurs.

Je conclus donc que tout est pour le mieux et que vous devez maintenir purement et simplement les propositions de la commission de l'immigration.

M. Souques. Je veux d'abord combattre les conclusions de la commission; j'examinerai ensuite soit dans cette discussion, soit plus tard, la théorie économique budgétaire soulevée par M. Jérôme.

Je répondrai au travail de la commission à différents points de vue ; mais avant d'entrer dans la discussion, je veux dire un mot de cette assertion de la commission, que les budgets de la colonie vont augmentant chaque année. Quand un pays produit des matières exportables, le chiffre de son budget doit nécessairement suivre la marche ascendante de sa production. Si des impôts nouveaux n'ont pas été créés, et vous ne sauriez le démontrer, si les mêmes contributions qui existaient depuis dix ans produisent davantage aujourd'hui, cela prouve seulement que la richesse publique s'est développée.

En 1864, la subvention à l'immigration était de 257,000 fr., et les droits de sortie produisaient 600,000 francs; en 1880, la subvention est de 400,000 francs et les droits de sortie sont évalués à 1,250,000 francs. Ainsi dans moins de quinze ans, le rendement de l'impôt foncier s'est doublé par le fisc; si les charges de la colonie se sont accrues de 150,000 francs au profit de l'immigration, son bénéfice s'est élevé à 650,000 fr. En 1864, le nombre des immigrants était de 10,000 ; il est aujourd'hui de 20,000; or, l'immigrant consomme en moyenne trois litres de tafia par mois, soit 2 fr. 50 cent., et pour un an 30 fr., et pour 10,000 immigrants, 300,000 francs. Si, à ce chiffre, vous ajoutez les droits de consommation payés sur les riz, poissons salés, etc., nécessaires à la nourriture de ces travailleurs, vous reconnaîtrez que la recette pour la caisse locale est de près de un million.

La colonie qui produisait naguère de 50 à 55,000 barriques de sucre, en exporte aujourd'hui 90,000; quoi d'étonnant que son budget ait augmenté? Cela veut dire que la production a réalisé le problème économique que poursuivaient avec tant de persévérance les assemblées qui nous ont précédés. Nous pouvons être en désaccord sur certains principes, mais nous serons toujours d'accord pour assurer la prospérité du pays.

La commission conclut à la diminution du nombre des immigrants à introduire et à l'augmentation de la prime d'introduction. J'ai dit pourquoi le conseil général de 1871 avait voté à l'immigration une subvention de 4 millions, payables en dix annuités, et j'ai montré les résultats qu'avait produits cette mesure : augmentation de la quantité de sucre fabriqué, augmentation de recettes pour la caisse locale. La crainte que manifeste la commission de voir le travail étranger faire concurrence au travail indigène prend sa source dans un sentiment profondément honorable; mais il s'agit d'examiner si ce danger n'est pas imaginaire. Le passé et le présent éclaireront pour nous l'avenir. Voyons donc ce qu'était la situation il y a quinze ans, alors que nous avions 10,000 immigrants, et ce qu'elle est aujourd'hui que nous en comptons 20,000.

Il y a quinze ans, le salaire était de 90 centimes à 1 franc; il est aujourd'hui de 1 fr. 80 cent. et, dans les établissements industriels, il varie entre 2 et 4 francs. Et pourtant les bras créoles se sont de plus en plus retirés de la culture de la terre sur les grandes propriétés; mais ils ont été remplacés par les immigrants; s'ils n'avaient pas été remplacés, ç'aurait été la ruine à brève échéance. Que sont donc devenus les cultivateurs créoles? Ils se sont transportés ailleurs; les uns sont actuellement petits propriétaires, colons partiaires; les autres travaillent dans les usines, durant toute l'année, ou pendant six mois, cultivant leurs terres pendant le reste du temps; d'autres enfin sont ou charretiers, ou laboureurs, ou économes, ou gardiens d'habitation; ils constituent en un mot l'état-major de la grande propriété, ce que j'appellerais l'aristocratie du travail. L'immigration a permis le développement de la petite propriété qui est aussi indispensable que la grande dans une société bien organisée. Supprimez, ou même diminuez le courant de l'immigration, et vous aurez un état-major sans soldats. Nous ne sommes pas ici à San-Franciso; nous ne sommes pas à la Barbade où le pays restreint ne laisse pas place à tout le monde; nous sommes à la Guadeloupe, dont le septième seulement de la superficie est en culture; nous sommes à la Guadeloupe, qui ne demande que des bras pour cultiver son sol. Ici, le danger, ce n'est pas l'immigration, c'est l'exubérance de la végétation tropicale qui développe à l'excès les parasites. Pour lutter contre l'envahissement de ces parasites qui étouffent nos plantations, il faut un travail permanent et régulier; or, les cultivateurs créoles ont déserté le travail de la terre proprement dit, ou du moins ils ne donnent un travail essentiellement intermittent, parce qu'ils ont aussi leurs terres à cultiver. Vous en avez des exemples sous les yeux tous les jours. Personne n'ose aventurer ses capitaux dans l'acquisition d'une habitation, s'il n'est d'abord assuré d'un noyau d'immigrants pour l'entretien de ses plantations. Pour suppléer à l'insuffisance des immigrants, il organise chez lui le colonage à moitié du produit, afin de pouvoir faire appel au colon en cas de besoin.

Il n'y a donc pas plus à redouter aujourd'hui qu'il y a quinze ans la concurrence des bras étrangers. Quel sera le résultat de la diminution que propose la commission dans le nombre des immigrants à introduire? Ce sera un retour en arrière; nous descendrons rapidement l'échelon que nous avons eu tant de peine à monter. Nous ne sommes pas encore arrivés à équilibrer nos dépenses avec notre production; quand quatre, cinq mille barriques de sucre manquent dans la prévision de la récolte, tout souffre; les bourses se ferment; le commerce attend, les yeux fixés sur l'usine; il attend que les travaux commencent pour que l'ouvrier vienne dépenser une partie du salaire qu'il va recevoir.

Voyez ce qui s'est passé à la Martinique. Il y a quelques années, elle produisait dix mille barriques de sucre de plus que nous; elle a ralenti son courant d'immigration, et aujourd'hui nous produisons dix mille barriques de plus qu'elle.

Je n'ai fait jusqu'à présent que combattre les propositions de la commission d'immigration. Il me serait facile de répondre à M. Ludger Jérôme; mais afin d'éviter toute confusion, je crois qu'il serait bon de résoudre d'abord ce point : faut-il maintenir ou diminuer le nombre des immigrants à introduire? Selon la réponse du conseil général, nous examinerons le problème des voies et moyens. Le conseil veut-il d'abord se prononcer sur la question que je viens de poser?

M. le Président. Je crois qu'il conviendrait d'abord que la discussion générale fût épuisée. Mais l'orateur me paraît avoir besoin d'un peu de repos. La séance va être suspendue pendant quelques instants.

La séance est reprise au bout de dix minutes.

M. Sorques. Quel est le but que poursuivait le conseil général en subventionnant l'immigration? Il n'a pu vouloir réaliser un bénéfice direct. Je m'explique : il est des services qui rapportent des ressources immédiates au budget; il en est d'autres sur lesquels la colonie doit s'attendre à éprouver des pertes; il en est d'autres enfin pour lesquels elle ne fait que dépenser pour récolter plus tard, pour reprendre indirectement ce qu'elle a donné. Dans quelle catégorie placerez-vous l'immigration? Est-ce un compte qui se nivelle par doit et avoir? Non. Qu'est-ce donc que l'immigration? C'est le pivot, la pierre angulaire de l'édifice colonial. Tout pays placé dans nos conditions périt sans immigration : la Dominique, Saint-Barthélemy, Saint-Martin sont morts; Antigue se meurt; tous les autres qui recourent à l'immigration, la Barbade, la Trinidad, la Guyane anglaise, résistent. Chez nous-mêmes, voyez ce qui se passe : dans les communes qui possèdent des immigrants, le travail est assuré au cultivateur créole, le salaire s'élève; là, au contraire, où il n'existe pas d'immigrants, c'est la misère. L'immigration est donc indispensable; elle seule permet d'équilibrer le budget et assure le bien-être au cultivateur créole. Vous devez demander à l'habitant de contribuer le plus qu'il pourra à l'alimentation de l'immigration, mais à la condition que ce que vous lui demanderez ne préjudicie pas au résultat général, qui est la production.

J'examinerai cette face de la question tout à l'heure en m'occupant de l'augmentation de la prime d'introduction proposée par la commission; mais auparavant je vais répondre à M. Jérôme qui a avancé que l'hectare de terre ne rapportait pas à la caisse coloniale plus de 13 fr. 80 cent. Pour arriver à ce résultat, il a défalqué du chiffre des droits de sortie la subvention à l'immigration, les centimes additionnels sur les droits de consommation, la garantie coloniale au Crédit foncier, dont il a fait un minimum annuel de 225,000 francs, et enfin, les différentes charges résultant des dépôts d'immigrants, et il a trouvé que la terre ne rapportait au fisc que 385,000 francs. C'est une manière nouvelle de faire des décompositions budgétaires, et je m'étonne que M. Jérôme se soit arrêté en si beau chemin, qu'il n'ait pas compris dans ses défalcations les sommes payées pour l'entretien des cours d'eau et canaux, des routes, la subvention aux bateaux à vapeur, etc., toutes choses qui profitent aussi à l'agriculture. Alors qu'il s'agit en France de la péréquation de l'impôt, de la revision du cadastre, que répondrait le ministre des finances, si quelqu'un s'avisait de lui dire : Mais l'agriculture est déjà aidée par le Crédit foncier; mais tel département possède un chemin de fer d'intérêt local, tel autre un chemin de fer d'intérêt général qui lui assure des avantages considérables? Je ne crois pas que le conseil général qui réclame constamment l'assimilation avec la France puisse chercher ailleurs que dans la métropole les principes qui président à la perception de l'impôt foncier. Voyons donc ce qui a lieu en France.

Je me proposais de discuter cette question à propos de la surtaxe sur les sucres d'usine demandée par la commission financière ; je suis obligé de l'examiner ici puisque M. Jérôme l'a incidemment soulevée.

L'impôt foncier perçu en France au moyen du cadastre est, à l'heure qu'il est, de 4.24 pour 100 du principal du revenu net.

En France, on estime la valeur locative de la terre; on défalque des revenus les dépenses de culture, les frais de faisance valoir, et l'impôt se perçoit sur le net produit, déduction faite de 25 pour 100. L'hectare de betteraves, par exemple, produit 40,000 kilogrammes, soit 800 francs environ; les frais pour semis, engrais, arrachage, transport à la fabrique, etc., étant de 600 francs, reste pour le revenu net 200 francs, dont on défalque 25 pour 100 ou le quart, soit 50 francs, et c'est sur 150 francs que se perçoit l'impôt, à raison de 4.24 pour 100.

Voilà la conséquence de la loi de 1790 qui a remplacé par le cadastre la capitation, les vingtièmes, etc.

M. le Président. Il me semble que l'orateur s'écarte de la question.

M. Souques. Il me semble au contraire que je suis complètement dans la question. Il s'agit de montrer ce que paye ici l'hectare de cannes et ce qu'il devrait payer. Ce point est d'une importance capitale.

M. le Président. Je vous engage seulement à le traiter le plus brièvement possible.

M. Sorques. Il n'est pas toujours facile de réfuter brièvement une théorie économique.

Je disais que l'impôt est, en France, de 4.24 pour 100 du revenu net.

Le revenu net, imposable, représente la valeur locative, déduction faite du quart selon les lois de frimaire an VII. La perception de cet impôt se fait au moyen d'un cadastre qui établit les contenances exactes et le revenu cadastral de chaque parcelle.

Voilà ce qui se passe en France.

Voyons donc quel serait ici l'impôt de la terre, si l'assimilation existait, de ce chef, entre la colonie et la métropole.

L'hectare de terre vaut ici, en la morcelant, 500 francs au maximum. Un hectare de terre se loue couramment 50 francs.

Mais ne nous occupons pas des terres que l'on peut louer par parcelle, voyons, en étant très large dans nos appréciations, quel serait l'impôt foncier sur une propriété admirablement cultivée et ayant à sa disposition des capitaux et des bras.

Supposons qu'une propriété de cent hectares mette en culture cinquante hectares; supposons qu'elle produise en moyenne 40,000 kilogrammes de cannes par hectare, ce qui est une moyenne très élevée.

Les dépenses par hectare se décomposent de la façon suivante :

1° Salaires.	350f 00
2° Engrais.	230 00
3° Animaux, charronnage, frais d'administration, intérêts d'argent, etc.	200 00
Ensemble.	780 00

Par contre 40,000 kilogrammes à 22 francs les 1,000 kilogrammes représentent 880 francs; donc le bénéfice de cet hectare serait de 100 francs.

Mais le prix de la canne, valeur marchande à l'usine, est établi à 22 francs les 1,000 kilogrammes, parce que ces 1,000 kilogrammes supportent un droit de sortie de 3 francs en principal et accessoires, quand ils se présentent en sucre pour être expédiés, droit que l'industriel a charge de payer et qui a dû entrer en ligne de compte quand il a établi son prix d'achat.

Si donc il n'y avait pas de droit à payer à la sortie, et que le propriétaire eût à solder l'impôt foncier par une cote chez le percepteur, il est incontestable que ces 120 francs seraient remboursés par l'acheteur de la matière première. On peut donc dire que l'ensemble du revenu serait de. . 100f 00 produit net pour. . . . . 120 00 impôt.

Égal. 220 00

Par conséquent l'hectare payerait 4.24 pour 100 sur 220 fr., moins le quart de 220, soit sur 165 francs, soit 7 francs par hectare.

Et comme il n'y a que cinquante hectares de cultivés sur 100, et qu'avec le cadastre, on payerait sur l'entier de la terre cultivée ou non, il faut pour cinquante hectares doubler la somme et dire que chacun de ces hectares payerait non 7 francs, mais bien 14 francs.

Ainsi donc, avec la législation métropolitaine, l'hectare payerait 14 francs, en admettant que 50 pour 100 de la propriété seraient cultivés.

Il payerait évidemment moins si la culture se portait sur soixante-dix hectares au lieu de cinquante, et dans ce cas, il ne payerait plus que 10 francs par hectare, car en tout état les cent hectares ne payeraient que 700 francs, qui, répartis sur soixante-dix hectares cultivés, font bien 10 francs par hectare.

Voyons maintenant ce que paye le même hectare dans la colonie.

Il importe ici de faire une distinction entre l'hectare dont les produits sont manufacturés par le propriétaire du sol et celui dont les cannes sont fournies à une usine, en négligeant, dans l'espèce, les centimes additionnels comme nous l'avons fait pour l'impôt foncier de la métropole.

L'hectare dont les produits sont convertis en sucre par le propriétaire du sol, donne 2,800 kilogrammes de sucre, soit à 2 fr. les 100 kilogrammes de droit de sortie, 56 francs au lieu de 14. C'est 42 francs de plus qu'il ne devrait verser, ou 300 pour 100 de plus, et 8.40 pour 100 de la valeur de la terre, ce qui revient à dire qu'en douze années ce propriétaire verse au fisc l'entier de la valeur de son sol en sus de ce qu'il devrait payer.

Quant à celui qui fournit ses 40,000 kilogrammes à une usine, il obtient 4,000 kilogrammes de sucre qui, à 2 francs en principal, représentent 80 francs qui sont perçus par la caisse coloniale, comme impôt foncier, au lieu de 14 francs. Différence en plus 64 francs par hectare, soit 4.57 pour 100 de plus qu'il ne devrait verser, et comme la valeur de l'hectare est de 500 francs, c'est 12.80 pour 100 de la valeur de l'hectare, ce qui revient à dire que, par ce supplément d'impôt, en huit années, le propriétaire de ce sol verse dans la caisse du fisc, en plus de ce qu'il verserait en France, l'entier de la valeur de ses terres.

L'on constate, tout d'abord, en outre de l'exagération de ces deux impôts, une anomalie flagrante entre la situation qui est faite à un hectare de cannes, soit que ces cannes soient travaillées par le propriétaire du sol ou par l'usine. Et l'on voit bien par là que l'impôt cesse d'avoir pour base non seulement le produit du sol, mais l'installation qui produit le sucre.

Pour prouver que l'hectare de cannes ne paye ici que 14 fr. 80 c., M. Jérôme a tout confondu ; il a totalisé la subvention à l'immigration, la garantie au Crédit foncier et enfin les décimes sur les contributions, Singulière théorie! Il fallait prendre le budget et il aurait reconnu qu'indépendamment des droits de sortie, l'habitant paye encore, non seulement sa part contributive dans la prime d'introduction de l'immigrant, mais encore des sommes considérables par les droits de consommation. La garantie coloniale au Crédit foncier n'a rien à voir dans la question ; la colonie n'a pas fait une autre chose que ce qu'a fait la France elle-même pour le Crédit foncier; cette garantie, c'est tout le monde qui doit la payer et on ne peut en tirer un argument contre l'exorbitance de l'impôt qui frappe le propriétaire sucrier. Ce propriétaire dresse le banquet auquel tous prennent part excepté lui ; il est la bête de somme du budget. Cette garantie dont vous parlez, c'est la pierre de touche de sa situation. Voyez : le commerce prospère ; on ouvre boutique sur rue partout, les magasins se multiplient ; on réalise des épargnes ; ces primes de 16 pour 100 que le commerçant avait à payer pour faire ses remises, et qu'il faisait rembourser au consommateur, n'existent plus ; on ne voit plus se produire ces désastres, ces faillites périodiques qui portaient un si grand préjudice au crédit commercial de notre pays. Le commerce colonial est prospère, il est sans tache, sans inquiétude, tout s'achète aujourd'hui au comptant ; pourquoi? parce que la production s'est développée, que les capitaux sont venus. Personne ne niera que depuis quinze ans une transformation complète s'est réalisée, résultat bien surprenant pour un pays aussi petit que le nôtre! Pour une production de trente millions, le budget de la colonie et celui des communes absorbent cinq millions ; c'est donc 60 pour 100 du revenu brut qu'on donne au fisc au lieu de 4.24 pour 100.

Voilà la véritable cause du malaise de l'agriculture ; quand en douze ans on a donné au trésor la valeur de la chose que l'on possède, il y a là un principe de mort inéluctable. Quels sont donc les faits qui démontrent la prospérité de l'agriculture?

Voyez le nombre des habitations qui doivent au Crédit foncier, comptez en combien de mains d'autres ont passé depuis vingt ans! Et vous voulez encore augmenter la somme de 250 francs que l'habitant paye par tête d'immigrant! Mais prenez garde de dépasser le but; la corde est tendue à se rompre. Dites-moi donc combien vous avez vu de commerçants devenir propriétaires d'habitations? Ils n'en ont garde! Oui, l'habitant est la bête de somme de la colonie, et quand après une vie de lutte et de labeur, la mort vient s'asseoir à son chevet, c'est la misère qu'il lègue à sa famille. C'est 10, c'est 15 mille francs qu'on vend sa propriété que le Crédit foncier avait estimée 120,000 francs. La valeur de la terre a diminué dans une proportion considérable, alors qu'augmentait la valeur des immeubles dans les villes, alors que le commerce est prospère.

Le conseil général, j'en suis convaincu, n'a qu'une ambition, faire monter le pays si haut qu'il en soit fier. Pour arriver à ce but, il faut développer l'immigration. Si l'habitant était moins malheureux, je comprendrais qu'on le fît contribuer dans une plus large mesure aux frais d'introduction; mais rappelez-vous que la subvention que vous faites à l'immigration n'est que la restitution de ce que vous avez indûment perçu. Si nous étions Français au point de vue de l'impôt comme nous le sommes par le drapeau et par le cœur, l'habitant payerait 14 francs par hectare de terre qu'il possède au lieu de 84 francs, et là où vous percevez 1,200,000 fr. vous n'en recevriez que 300,000 tout le reste servirait à alimenter l'immigration. Je dis donc qu'au point de vue financier, la subvention constitue pour la colonie une admirable opération sans augmentation d'impôts; je dis que cette subvention de 4,000,000 en dix ans, qui a produit des résultats magnifiques, a seule permis à l'habitant de soutenir jusqu'à présent la production de la colonie, sans profit pour lui-même.

Je conclus donc, en priant le conseil de m'excuser d'avoir été si long, à ce que le chiffre des immigrants à introduire ne soit pas diminué et à ce que la part contributive de l'habitant ne soit pas augmentée.

M. Jérôme. Je n'ai envisagé la question qu'au point de vue exclusif des droits de sortie, et je n'ai pas fait état des droits de consommation parce que je n'avais pas à en tenir compte.

Quand j'ai parlé du nombre d'hectares de terre cultivés, on m'a demandé où j'avais puisé mes renseignements. J'ai répondu : « Dans l'Annuaire de la colonie. » Ce chiffre est accepté par M. Souques puisque, selon lui, le septième seulement de la superficie de la Guadeloupe serait cultivé, ce qui représente à peu de chose près 28,000 hectares.

Il n'y a eu de ma part ni confusion ni oubli; il eût été peut-être à souhaiter que j'eusse oublié quelque chose. Je suis venu avec les chiffres du budget, et j'ai prouvé que quand la colonie recevait 1,200,000 francs de droits de sortie, elle en restituait sous diverses formes 865,000 francs, ce qui ne lui laissait guère que 385,000 francs pour tout bénéfice. J'ai prouvé que l'hectare cultivé ne rapportait que 13 fr. 80 cent.; comment peut-on donc soutenir que le droit de sortie soit la plus belle plume de notre aile?

J'adjure le conseil de ne pas s'engager dans la voie du cadastre où veut l'entraîner M. Souques; ce serait courir à la ruine. Je m'étonne d'ailleurs qu'une pareille proposition émane de lui. En 1869, M. Souques réclamait aussi le cadastre; depuis, il a gardé sur ce point le silence le plus complet, quoique la question ait eu bien des occasions d'être de nouveau soulevée.

Je prie donc le conseil de maintenir purement et simplement les conclusions de la commission.

M. Isaac, rapporteur. M. Souques a longuement combattu le rapport de la commission, ce dont personne ne songe à se plaindre; ma réponse sera nécessairement longue aussi. Il est tard, je prie le conseil de renvoyer la suite de la discussion à cet après-midi.

M. Le Dentu. Je ne veux pas entrer dans les généralités de la question. Tout en adhérant à ce qu'a dit M. Souques, mon intention est de présenter quelques brèves observations et d'appuyer de toutes mes forces le maintien du chiffre de 2,350 immigrants à introduire cette année.

Tout le monde est d'accord sur ce point, qu'il est nécessaire de suppléer à l'insuffisance des bras créoles, car si nous pouvions satisfaire aux nécessités de l'agriculture nous n'aurions pas besoin d'immigrants. Il n'y a donc qu'une question secondaire à traiter : où commence la concurrence pour les cultivateurs indigènes? Faut-il adopter le chiffre de 2,350 immigrants ou celui de 1,800? Je suis d'avis qu'il faut préférer le premier.

Le travail créole subit une décroissance normale qui est la conséquence de la transformation qui se fait dans les mœurs. Je demande à présenter quelques chiffres qui me sont personnels, et si je parle de moi, c'est que, en ces matières, l'histoire de l'un est celle de l'autre et que l'on peut dire avec vérité : *Ab uno disce omnes.*

Je prends les chiffres de l'habitation Bologne dont je suis propriétaire et dont la comptabilité est tenue par moi-même.

Le travail créole y figure en deux comptes, compte *salaires* et compte *entreprises*, et, par ce dernier mot, j'entends tout travail fait à forfait.

Du 1er mars 1875 au 30 juin 1876, j'ai payé pour salaires

11,745 fr. 48 cent. et pour entreprises 4,807 fr. 61 cent., ensemble 16,553 francs, ce qui fait pour douze mois les trois quarts, soit 12,332 fr. 31 cent.

Du 1er juillet 1876 au 30 juin 1877, salaires 9,162 fr. 09 cent., entreprises 1,566 fr. 05 cent., ensemble 10,728 fr. 14 cent.

Du 1er juillet 1877 au 30 juin 1878, salaires 6,372 fr. 68 cent., entreprises 2,166 fr. 60 cent., ensemble 8,539 fr. 38 cent.

Du 1er juillet 1878 au 30 juin 1879, salaires 5,024 fr. 80 cent., entreprises 1,059 francs, ensemble 6,083 fr. 80 cent.

Du 1er juillet 1879 au 30 juin 1880, salaires 3,933 fr. 70 cent., entreprises 1,304 fr. 50 cent., ensemble 5,218 fr. 20 cent.

Ainsi, la progression du salaire a été constamment décroissante; j'ajoute qu'à mesure que la somme du travail diminuait, sa régularité elle-même diminuait. Y a-t-il à cela une cause accidentelle? Dira-t-on que le créole aurait eu une raison quelconque de préférer travailler sur d'autres propriétés? Mais dans ce cas, la cessation du travail eût été immédiate, tandis qu'elle n'a été que progressive. Est-ce parce que j'aurais pris des Indiens? Je suis inscrit depuis de longues années et n'ai pu encore prendre part aux répartitions. Je me suis procuré, il est vrai, par voie de cession, quelques immigrants qui, déduction faite des non-valeurs, s'élèvent à dix-neuf, et quand on défalque les journées de maladie, le nombre des journées de travail est bien restreint. Je n'ai jamais refusé de travailleurs créoles à la journée. Le salaire des Indiens a été la première année de 247 francs; la seconde de 220 francs; ainsi quand le salaire des Indiens décroissait de la première à la seconde année, la décroissance du travail créole était de 1,000 francs; et à la dernière année quand j'atteignais 1,800 francs de salaires d'Indiens, je n'avais plus que 800 francs de décroissance dans le travail créole. Il y a donc là deux faits distincts entre lesquels n'existe aucun lien corrélatif. Le but que je poursuis est de produire 200 barriques de sucre à Bologne; or, je n'atteins qu'un maximum de 158 barriques parmi lesquelles 32 faites par les colons et dont la moitié appartient au propriétaire.

Que devient le travailleur créole? Il suit sa voie, il va où le portent ses goûts, vers la petite propriété. Et qui songe à s'en plaindre? Personne. Sous le régime de liberté et de suffrage universel, il est tout naturel que le citoyen cherche à augmenter son bien-être matériel en même temps qu'à assurer son indépendance et son amélioration morale. Mais puisqu'il faut qu'il soit remplacé, donnez donc l'immigration. Dans quelle mesure?

Remarquez que soit par ses votes récents, soit par la confirmation des votes précédents, le conseil général va augmenter les causes de la décroissance du travail en régie; et c'est au moment où, en accordant des primes aux cultures secondaires, vous allez encore éloigner les cultivateurs créoles de la grande culture, que vous songez à diminuer le nombre des travailleurs étrangers! Il y a là une contradiction manifeste.

On dira peut-être : « Il y a dix-ans, on se contentait de 1,200 Indiens; 1,800 suffiront aujourd'hui. » A cela je répondrai : « Les chiffres ont toujours une valeur absolue et une valeur relative; un franc valait plus il y a cinquante ans que maintenant; de même, il y a dix ans, un Indien en valait deux. » Pour le prouver, il me suffirait de prendre mon tableau à rebours; si j'avais commencé ce tableau dix ans plus tôt, au lieu de 12,000 fr. de salaire, la première année, j'en aurais constaté 24,000 francs. Pourquoi? Parce que le contingent du travail créole était alors cinq fois plus élevé qu'aujourd'hui; le coefficient de 20 s'est abaissé à 5. Donc l'équivalent de 1,200 Indiens il y a dix ans n'est pas actuellement de 1,800, il est de 6,000.

J'attache une telle importance au chiffre de l'introduction que je place même ce chiffre au-dessus de celui de la subvention.

M. Lacascade. Dans le cours de la discussion, il a été émis une théorie tendant à établir que les droits de sortie représentaient l'impôt foncier. Comme rapporteur du budget des recettes, il est de mon devoir de combattre cette théorie; mais je me réserve de le faire au moment où le budget sera discuté. J'établirai que ce n'est pas la valeur de la terre qui est imposée, mais la valeur des denrées exportées.

TREIZIÈME SÉANCE. — 10 JANVIER 1881

Continuation de la discussion générale sur le rapport de la Commission de l'Immigration.

M. le Président. Nous allons continuer la discussion générale sur le rapport de la commission de l'immigration.

M. le rapporteur a la parole.

M. le Rapporteur. Messieurs, je dois avouer que dans la brillante argumentation de notre honorable collègue, M. Souques, je n'ai point trouvé, pour ma part, malgré mon attention, des preuves suffisantes pour me convaincre.

Ce matin, au cours de la discussion, s'est produit ce que j'appellerai un épisode. L'auteur de cet épisode est notre collègue, M. Ludger Jérôme. Il s'agit de l'impôt foncier. Bien que cette discussion ne soit pas dans notre objet même, M. Souques a jugé à propos de lui donner une large place dans sa réponse.

Je ne voudrais pas m'y attarder à mon tour. Cependant, Messieurs, permettez-moi de relever deux choses qui m'ont frappé dans le discours de M. Souques.

M. Souques nous a dit qu'en France la quotité de l'impôt foncier est fixée sur le revenu net d'une terre; ainsi, un champ de betteraves étant donné — c'est l'exemple qu'il a choisi — on aligne, d'une part, la valeur du produit brut; d'autre part, le montant des frais d'exploitation, et le revenu net étant déduit, c'est sur ce revenu net qu'à un taux déterminé on calculait l'impôt. Je suis en mesure d'affirmer qu'il n'en est point ainsi. M. Souques, ce matin, en appelait au témoignage des économistes. J'accepte cet arbitrage qui nous est offert. Et je vous demanderai la permission de vous lire quelques lignes d'un économiste français, qui juge la question. Vous y verrez : 1° que l'impôt n'est point fixé en France comme le dit M. Souques; 2° que des intéressés désireraient qu'il en fût ainsi; 3° qu'il ne manque pas d'arguments contre ce mode de procéder.

Voici le passage :

« Si l'on consulte l'enquête ouverte devant la Chambre et devant l'opinion, on constate que les industries qui se plaignent fondent toutes leurs doléances sur le calcul de leur *prix de revient* et sur les charges imposées à la production par notre régime fiscal. »

C'est bien là, si je ne me trompe, la question soulevée par notre collègue.

Je continue :

« Il n'est pas *juste*, dit-on, de forcer le producteur de vendre avec un bénéfice insuffisant sur son prix de revient. Mais si le producteur doit avoir un bénéfice sur son prix de revient, comment déterminer : 1° ce prix de revient; 2° ce bénéfice suffisant?

« Les prix de revient! mais sont-ils les mêmes pour tous les producteurs de la même marchandise? Ne varient-ils pas suivant l'habileté de chacun d'eux? N'y a-t-il pas, dans la même industrie, des producteurs qui s'enrichissent pendant que d'autres se ruinent? Le succès ne tient-il pas à ce que le *prix de revient* n'est jamais égal, dans la même industrie, tandis que le prix de vente l'est à peu près toujours? Ensuite, la constatation de ce prix de revient est-elle possible? Tout producteur n'a-t-il pas intérêt à le cacher? Et chacun n'est-il pas disposé à affirmer qu'il perd ou gagne fort peu en vendant sa marchandise?

« Donc nous ne croyons pas : 1° qu'il y ait un prix de revient uniforme; 2° qu'il soit possible de constater ce prix de revient.

« Quant au bénéfice suffisant, celui qui suffit à l'un ne suffit pas à l'autre. Le bénéfice se multiplie, suivant le chiffre de la production, suivant l'habileté du vendeur, suivant les débouchés qu'il sait se procurer, suivant l'économie qu'il apporte à dépenser ce bénéfice.

« Donc le bénéfice, pas plus que le prix de revient, n'a dans la même industrie un taux uniforme, et il ne constitue aussi qu'un signe essentiellement variable de prospérité.

« Concluons que, s'il est juste que le producteur ait un bénéfice suffisant sur son prix de revient, ce n'est pas au producteur lui-même qu'il faut demander, nous ne disons pas l'aveu, mais les éléments mêmes de ce prix de revient et de ce bénéfice. »

Ce qui m'a frappé encore dans la réponse de M. Souques, c'est le chiffre qu'il nous a cité. M. Souques nous a dit qu'un hectare de terre planté en cannes produit 2,800 kilogrammes de sucre, et comme ces 2,800 kilogrammes, à raison de 2 francs par 100 kilogrammes, payent 56 francs de droits de sortie, M. Souques en déduit que l'hectare de terre planté en cannes paye 56 francs d'impôt. C'est vrai! M. Souques nous a produit des chiffres sur l'impôt en France et nous a mis sous les yeux une criante inégalité. Mais M. Souques s'est bien gardé de nous dire la valeur de ces 2,800 kilogrammes de sucre.

M. Souques. Je l'ai dit.

M. le Rapporteur. J'accepte votre déclaration. Je ne vous avais pas entendu donner le prix de ces produits.

Je dis donc que ces 2,800 kilogrammes de sucre se vendent 1,400 francs, ce qui fait, avec 56 francs d'impôt, un taux de 4 pour 100.

Mais, puisqu'on parle d'assimilation et qu'on veut faire des parallèles, voyons, Messieurs, que serait en France le produit de cet hectare de terre.

Un hectare planté en céréales rend en France, en moyenne, 19 hect. 28 lit. C'est M. Maurice Block qui l'établit, un économiste dont personne ici n'a le droit de contester la compétence. L'hectolitre de froment pèse 75 kilogrammes; les autres grains, 10 ou 15 kilogrammes de moins. Mettons en moyenne 72 kilogrammes. Ce qui fait que les 19 hectolitres de céréales produits par un hectare donnent un poids de 1,388 kilog. 16.

Voici, d'autre part, le tableau des prix de vente sur les marchés de France.

D'après ce tableau, au 28 décembre 1878, le prix moyen était de 26 fr. 17 cent. par 100 kilogrammes; au 28 décembre 1879, il était de 31 fr. 92 cent. Mettons 30 francs les 100 kilogrammes. Cela fait une valeur, par hectare de terre planté en céréales, de 386 fr. 40 cent.

Est-il besoin de citer d'autres exemples? Supposez cet hectare planté en betterave. En 1874, sur 367,171 hectares plantés, la betterave a produit 111,582,060 quintaux, d'une valeur brute de 272 millions de francs. Si nous calculons la valeur du produit brut par hectare planté en betterave, nous trouvons 740 francs. C'est un chiffre plus élevé que le précédent, mais bien au-dessous des 1,400 francs que produit en sucre un hectare de terre dans notre pays.

Mais je m'arrête. Ce n'est pas la question qui nous occupe. Si je m'y suis attardé un peu, c'est que, comme M. Souques, je n'ai pas voulu avoir l'air de fuir un argument. Je reviens à notre objet. Je n'ai à parler que de l'immigration.

Pourquoi faisons-nous de l'immigration? A cette question, la réponse est toute faite. Nous manquons de bras. C'est ce que tout le monde répète. Je n'y contredirai pas. Je crains trop qu'on m'accuse de fermer les yeux à l'évidence.

Mais je ne puis m'empêcher de rappeler qu'il y a bien longtemps que ce bruit court, qu'il y a bien longtemps qu'on a jeté ce cri d'alarme : « Nous manquons de bras ! »

On s'en plaignait déjà du temps de l'esclavage. Et pourtant, Messieurs, fallait-il alors aussi prendre à la lettre les plaintes des habitants?

Voici ce qu'écrivait, en 1847, un témoin bien informé, M. Garnier, employé à la direction de l'intérieur à la Martinique :

« On est surpris de voir des centaines d'esclaves, des troupeaux de mulets et de bœufs qui cultivent quelquefois moins de 50 hectares et font valoir un domaine que cultiveraient en France quelques valets de ferme et une demi-douzaine de chevaux... « Pourquoi laissez-vous la moitié de la terre en jachère, « demandait-on au gérant d'une habitation? — Ce sont les bras « qui manquent. »

Dix ans après l'affranchissement, le gouverneur de la Réunion, M. Darricau, s'écriait : « On me demande partout des bras, et partout je ne vois qu'abus et gaspillage de bras. »

Je me garderai bien d'appliquer à la Guadeloupe, en 1881, ce que M. Darricau, avec la franchise d'un étranger, disait de la Réunion en 1858.

Cependant si je rapproche notre situation de celle qui existe en France, je reste étonné.

La superficie de la France est de 528,577 kilomètres carrés, sa population totale (y compris l'armée, les étrangers) est de 37 millions.

Ce qui fait un nombre de 70 habitants par kilomètre carré.

La Guadeloupe avec ses dépendances a une surface de 1,848 kilomètres carrés 5. La population est aujourd'hui (non compris la garnison, les immigrants indiens et la population flottante) de 150,000 habitants en chiffres ronds.

Ce qui donne, pour la densité de la population, 81 à 82 habitants par kilomètre carré.

C'est plus que l'Allemagne qui n'a que 76 habitants par kilomètre carré.

Poussant plus loin le parallèle, je trouve qu'en France, sur 10,000 habitants, on compte, d'après les diverses statistiques, 5,300 (1851) — 5,316 (1861) — 5,150 (1866) attachés à l'agriculture; c'est, on le voit, environ la moitié de la population.

Du reste les économistes, tout en admettant qu'il n'y a point en ces matières de proportion absolument bonne ni absolument mauvaise, s'accordent à reconnaître que la proportion désirable est que la moitié des habitants d'un pays soient agriculteurs.

A la Guadeloupe, nos 150,000 indigènes devraient donner environ 75,000 travailleurs aux travaux agricoles. Or, pour l'année 1878, nous comptons 82,800 travailleurs; la proportion admise est dépassée de beaucoup; mais sur ce nombre, il y a 20,300 Indiens, par conséquent, 62,500 indigènes.

En nous tenant à ce dernier chiffre, on voit que l'écart n'est pas énorme et l'on peut se demander si, en dehors de nos

20,000 immigrants indiens, le pays ne pourrait pas fournir le supplément.

Mais continuons encore. D'après les chiffres les plus récents, on estime que sur 100 hectares de terre en France, il y a :

Terres arables.	51h9
Vignes.	4.5

Les cultivateurs donc, qui constituent la moitié de la population, sont employés à la culture des terres arables et des vignes. L'étendue des terres arables est déjà plus de la moitié du territoire, et l'étendue des terres plantées en vignes est égale au vingtième.

A la Guadeloupe, la canne est de beaucoup la culture la plus importante. M. Souques nous disait ce matin que le septième de notre territoire était cultivé en cannes. En y ajoutant les autres cultures, nous pouvons compter 39 à 40,000 hectares de terre cultivés, c'est-à-dire que nos 82,800 travailleurs ne cultivent pas le quart de notre territoire.

Je sais bien que la canne exige une main-d'œuvre considérable, et je veux bien croire qu'en France aucune culture n'est à ce point de vue dans des conditions aussi onéreuses ; mais je ne veux pas trop insister sur ces résultats. Il en ressort cependant que notre population, plus dense que celle de la France, paraît pouvoir subvenir par elle-même aux besoins de son agriculture.

Il ne faut pas seulement que notre population soit suffisante en puissance, si je puis ainsi dire, il faudrait qu'elle le fût aussi en fait et dans le présent. Il faudrait que le travail pût être régulier, constant, stable, qu'on pût compter sur les travailleurs. Or, il paraît prouvé que ce n'est pas ce qui est. Il paraît prouvé que les bras créoles s'écartent de la grande culture, que les travailleurs créoles ne cèdent point, pour la plupart, au désir de devenir petits propriétaires.

Ce mal, on le fait remonter, non sans raison, sans doute, à l'abolition de l'esclavage. Ne craignons pas de prendre la question d'aussi haut, puisque aussi bien M. Dubos, ce matin, la plaçait sur ce terrain.

A ce moment, il y avait assurément beaucoup à faire pour maintenir le bon ordre.

A la Réunion, M. Sarda Garriga, commissaire de la République, sut obtenir des nouveaux affranchis un engagement de deux ans moyennant un salaire librement débattu avec un maître à leur choix. Et le travail continua sans interruption, et la Réunion franchit ce pas dangereux sans trouble et sans secousse.

Dans nos Antilles, les choses se passèrent différemment. Ce fut, comme on a dit, un coup de foudre. Mais néanmoins, après les ébranlements et les terreurs des premiers jours, l'ordre se rétablit peu à peu. On s'accorde à reconnaître que les deux colonies de la Guadeloupe et de la Martinique furent celles où le plus grand nombre de noirs restèrent fidèles au travail sinon aux maîtres. Il faut dire aussi qu'aux Antilles, les propriétaires ne pouvaient recourir facilement, comme ailleurs, aux coolies indiens, et force leur était de faire à leurs travailleurs quelques concessions dont tout le monde profitait, eux tout les premiers.

En 1849, une commission chargée par l'amiral Bruat de constater l'état du travail à la Martinique s'exprimait ainsi : « Il est acquis à la commission que la grande culture, déjà profondément atteinte par la législation provisoire de 1845 et 1846, a été complètement abandonnée, à quelques exceptions près, pendant les deux premiers mois qui ont suivi l'émancipation; mais il a été également acquis que depuis cette époque le travail a repris progressivement et se maintient sur tous les points de la colonie. »

Mais cette situation ne devait pas durer, comme si, suivant l'expression d'un économiste, « une sagesse prolongée pèse trop aux hommes. »

A la Réunion, il eût été possible de retenir encore au travail les affranchis qui, pendant les deux premières années, avaient donné de si beaux résultats. On aima mieux avoir recours aux immigrants indiens.

Ce mouvement se propagea jusqu'à nos Antilles. Partout on a été, comme dit M. Augustin Cochin (j'aime à m'entourer d'autorités) bien plus occupé de remplacer les anciens esclaves que de chercher à les retenir. On a nommé des fonctionnaires pour protéger les immigrants et les surveiller, mais l'on est surpris qu'aucun patronage analogue n'ait existé en faveur des affranchis.

Donc, pendant qu'on faisait de si grands sacrifices pour des travailleurs étrangers, on ne faisait rien pour les travailleurs du pays. Je me trompe, Messieurs. On a fait quelque chose pour eux, on les a soumis au régime du livret et à sa réglementation étroite et tracassière; on a pris contre eux des arrêtés comme celui de 1857, qui déclarait *tout homme non pourvu d'un livret et n'ayant pas des moyens d'existence, vagabond et sans aveu.*

Nous possédons du reste de précieux aveux des torts des anciens maîtres.

Le *Journal du Commerce* de la Réunion publiait, le 21 septembre 1860, ce témoignage de M. A. Laserve : « Oui, certes, il faut l'avouer, c'est nous les propriétaires qui sommes les plus coupables, moi qui parle, tout le premier, et comme les autres. Nous avons crié, tonné, déblatéré contre la paresse des *citoyens* de 1848, nous nous sommes plaints de l'abandon de nos ateliers par eux, et nous n'avons pas tiré la poutre dans notre œil pendant que nous cherchions la paille dans le leur. Pourquoi, en effet, ces malheureux se seraient-ils engagés avec nous à 10 et 15 francs par mois, lorsqu'ils se voyaient sous-louer par les spéculateurs à 1 fr. 25 cent. et 1 fr. 50 cent. la journée? Pourquoi nous auraient-ils enrichis de leurs sueurs, lorsque nous préférions assurer d'énormes bénéfices à de riches spéculateurs d'émigration, plutôt que de partager avec eux une partie de ces bénéfices? »

Aussi la Réunion qui, en 1848, possédait 60,000 esclaves, comptait, en 1858, 53,000 engagés, outre les 15,000 noirs restés sur les habitations; en 1862, 72,591.

Quel a été à la Réunion le résultat de cette extension de l'immigration? La production sucrière, qui avait subi une courte dépression en 1850 et 1851, se relevait de 22,000,000 de kilogrammes en 1847, à 44,000,000 en 1860. On crut que les plus beaux jours de la colonie allaient renaître. Mais, dès 1863, alors qu'on produisait 75,000,000 de kilogrammes de sucre, la vérité se faisait entrevoir. Le défrichement et la dénudation des montagnes avaient laissé entraîner par les eaux pluviales la majeure partie de la terre arable. Beaucoup de terres, autrefois couvertes de bois, ont donné en cannes un certain nombre de récoltes, elles sont épuisées aujourd'hui et ne peuvent plus conserver l'humidité nécessaire pour féconder les terres plus riches de l'étage inférieur. La récolte est tombée en 1874 à 25,000,000 de kilogrammes, le tiers de ce qu'elle était en 1863. Il a fallu reboiser, il a fallu aller chercher au loin des engrais coûteux, et malgré des années de récoltes splendides, tout le monde, ou à peu près, se trouvait ruiné. Ces paroles ne sont pas de moi. C'est presque textuellement les termes dans lesquels s'est exprimé, en 1875, M. Benoist d'Azy devant le conseil supérieur du commerce, de l'agriculture et de l'industrie. Voilà un exemple que nous devons méditer, Messieurs, et qui est plein d'enseignements pour nous.

Les Antilles, plus éloignées de l'Inde, partagèrent dans une moindre proportion les avantages et les vices de l'immigration. La Martinique, en 1862, avait 16,000 Indiens; la Guadeloupe, en 1864, en avait 13,552, et aujourd'hui elle en a plus de 20,000.

N'allez pas croire, Messieurs, que je veuille m'attaquer à l'institution elle-même. Toute immigration accomplie avec mesure et dans des conditions normales est bonne en soi. C'est, comme on l'a dit, une véritable importation de travail et d'intelligence. Elle a eu parmi nous cet avantage de contribuer à l'élévation de la race noire, en ce sens que les affranchis ont abandonné aux Indiens le travail infime de la terre et se sont réservé les métiers et l'industrie, et c'est par là que la présence de l'Indien a pu contribuer à la hausse des salaires pour certains travaux dont les noirs seuls sont capables. Mais pour obtenir tous les avantagés dont elle est susceptible, il faudrait que l'immigration fût tout autre qu'elle n'est chez nous.

Je n'ai pas l'intention de mettre en relief tous les vices de notre immigration. Je ne la jugerai pas au point de vue moral. C'est déjà fait. Elle juxtapose des sociétés complètement différentes, sans intérêt commun et qui restent séparées par des abîmes ; elle inocule les vices asiatiques à une population de mœurs européennes ; elle nous offre le spectacle funeste de crimes qui avant elle étaient inconnus.

A d'autres points de vue, elle nous menace sans cesse de l'importation de quelque épidémie affreuse, elle livre notre production et notre richesse agricole à la merci de l'étranger ; elle introduit chez nous un élément de misère ; elle nous offre un spectacle de misère plutôt que de travail et de prospérité.

L'Indien n'a aucune affinité à notre civilisation. Au lieu de se moraliser par le travail, par l'épargne — que lui rendent bien difficile, il faut le reconnaître, ses gages infimes — au lieu de s'attacher à la terre qu'il cultive, au pays qui le fait vivre, et de chercher à s'élever vers un état meilleur, toutes conditions qui à mon sens sont indispensables pour un travail intelligent et fécond, ils restent pour la plupart à l'état de machines qu'il faut entretenir quand même, et qui marchent tant bien que mal, plutôt mal que bien, jusqu'à l'usure et au détraquement final.

Et encore ces machines, pour mauvaises qu'elles sont, coûtent excessivement cher. Il s'en faut bien que les bénéfices se soient développés dans la même mesure que la production. Tout le monde se plaint des charges accablantes qu'impose l'immigration indienne.

C'est pour subvenir à ces dépenses qu'il a fallu que la colonie ou l'État en prît une part à sa charge. Et par là, tous les contribuables, même les travailleurs libres, coopèrent aux frais d'une institution dont tous ne profitent pas.

M. de Molinari écrivait que « les conseils coloniaux ont eu « le tort d'intervenir dans cette grande opération et d'en faire « supporter les frais à une classe d'hommes qui aurait dû plus « qu'aucune autre en être affranchie, nous voulons parler des « travailleurs mêmes des colonies, à qui les immigrants allaient

« faire concurrence. Rien de plus inique assurément que d'obli-
« ger ainsi les classes laborieuses des colonies à payer une
« grosse part des frais d'une importation de travail destinée à
« abaisser les salaires. »

Tous les économistes qui se sont occupés de la question s'accordent à dire que les gouvernements ont trop encouragé cette institution vicieuse, qu'il eût été plus prudent de chercher à la restreindre, et que son développement sur une très grande échelle est encore plus dangereux peut-être que l'esclavage même.

En fait et en résumé, l'immigration, telle que nous l'avons, fait regretter qu'on n'ait pas su retenir à la terre les travailleurs du pays. La chose eût été possible. L'exemple des Hollandais est là pour le prouver. La Hollande n'a prononcé l'abolition de l'esclavage qu'en 1863, en s'assurant par un engagement de dix ans le travail rétribué des noirs. Il faut dire aussi que les noirs de Surinam qui auraient pu facilement émigrer à l'intérieur d'un pays si vaste sont restés fidèles au travail.

J'ajouterai avec M. Jules Duval que, si les millions qui ont été dépensés pour faire venir des coolie de l'Inde avaient été appliqués en primes au travail et en élévation de gages, ils n'auraient pas assurément été stériles.

Mais il n'y a plus à revenir sur le passé. Peu importe aujourd'hui à qui la faute si l'immigration est devenue un mal nécessaire. Tâchons seulement d'y porter quelque remède.

On dit que le créole s'écarte de la culture, et cela se comprend. Le gage du coolie est fixé bien au-dessous de la moyenne normale. L'ouvrier indigène qui ne veut pas et ne peut pas s'en contenter cède la place à l'étranger et préfère encore le vagabondage à un salaire avili. M. Le Dentu nous a présenté des chiffres ce matin qui prouvent cette émigration du travail; mais, pour lui, la cause n'en est pas dans la présence de l'Indien. Pourtant cette cause a été signalée ailleurs. De leur côté, les habitants, par la facilité où ils se trouvent d'avoir des Indiens, ne veulent faire aucune concession aux travailleurs libres.

Un maire de la Martinique en faisait l'aveu : la population agricole augmente par suite de l'introduction d'immigrants. Mais les indigènes sont loin de contribuer à cet accroissement de bras puisque chaque propriété qui reçoit un certain nombre d'immigrants est immédiatement abandonnée par un nombre à peu près égal d'anciens cultivateurs.

M. Laserve, dans l'article du journal de la Réunion dont j'ai déjà parlé, ajoutait : « Peut-être est-il encore temps de
« réparer nos sottises; consultons un peu plus notre cœur et
« notre arithmétique, et nous pourrons rappeler bien du monde
« dans les grands ateliers.

« Si les coolis de Calcutta ne suffisent pas pour combler les « vides de nos ateliers et créer de nouvelles sucreries, le pays « trouvera peut-être dans sa population indigène et dans les « nombreux engagés sortis des ateliers et vaguant à droite et à « gauche, des ressources qu'on ne soupçonne pas et qu'on a eu « tort, selon moi, de trop négliger jusqu'à présent. »

Nous ne disons pas autre chose. C'est pour mettre une limite à l'extension progressive de l'immigration, c'est pour réserver une place au travailleur du pays et amener l'habitant à lui faire les concessions qu'il mérite, que nous avons réduit à 1,800 le contingent annuel d'introduction. C'est pour cette cause, autant que pour ménager les finances de la colonie.

J'ai déjà mis en lumière dans mon rapport ce fait anormal de l'accroissement de notre budget général et surtout du budget spécial de l'immigration, dans ces dernières années. M. Souques a répondu à cet argument que c'est tant mieux. C'est tant mieux, si le budget augmente, car c'est alors une preuve de prospérité.

En effet, les plus-values de l'impôt sont une preuve de prospérité et une des causes de l'accroissement des budgets. Mais ce n'est pas la seule cause. Il faut que l'emploi de ces plus-values soit justifié. Qu'a-t-on fait? Quelles institutions nouvelles et utiles ont absorbé nos impôts?

En 1871 le budget local était de.	3,947,284f 24
En 1879 de.	4,815,575 26
C'est donc une augmentation de.	868,291 02

A quoi ont été employés ces 860,000 francs?

Qu'avons-nous fait pour l'instruction publique?

Nous lui faisons une rente de 400,000 francs. Ce n'est pas le douzième de notre budget total. En France, les ressources inscrites au budget, au titre de l'*Instruction publique,* sont égales au quart de ce budget.

Qu'avons-nous fait pour les travaux publics?

Nous inscrivons sous ce titre, à notre budget, moins du sixième de nos ressources totales. En France, les travaux publics prennent le quart du budget.

Voyons maintenant la part que prend à l'aggravation de notre budget local notre budget de l'immigration. En 1871, dans un budget de 939,890 fr. 43 cent., la part de la colonie était de 350,000 francs.

En 1870 la part de la colonie était de.	400,000f 00
Subvention à laquelle sont venus s'ajouter les décimes sur contributions autres que les droits du sucre et du café.	320,000 00
	720,000 00

Voici donc à ce seul titre de l'immigration une augmentation réelle de (720,000—350,000) 370,000 francs, presque la moitié de l'augmentation de notre budget total.

C'est par toutes ces considérations que je prie le conseil d'adopter les conclusions de la commission.

M. LE DIRECTEUR DE L'INTÉRIEUR. L'administration, en établissant son projet de budget pour le service de l'immigration, n'a pas voulu modifier les parties essentielles de ce budget. Elle a tenu à laisser ce soin au conseil général lui-même, se réservant de faire valoir, à titre d'explications, au moment de la discussion, les raisons qui lui sembleraient devoir militer en faveur de telle ou telle proposition qui pourrait se produire. En agissant de cette manière, elle a conservé intact à l'assemblée locale le dépôt qui lui avait été confié, et c'est aux lumières, c'est au patriotisme de cette assemblée elle-même qu'elle a entendu faire appel pour assurer la solution des importantes questions qui lui sont soumises.

La commission d'immigration a exposé une série de modifications à l'état de choses existant. L'administration, sauf quelques points de détail, a cru devoir se rallier à ces propositions, parce qu'elles lui ont paru sages. Ces propositions portent d'abord sur une réduction du nombre des immigrants à introduire dans la colonie, puis sur une participation plus grande des engagistes au remboursement des frais de recrutement de ces immigrants, et enfin sur une atténuation du chiffre des allocations subventionnelles attribuées au budget de l'immigration, allocations demandées à la masse des contribuables.

De ces trois propositions principales, la plus importante, vous l'avez déjà compris, c'est celle qui a trait à la réduction du nombre des immigrants à introduire dans la colonie. C'est sur celle-là qu'a porté tout d'abord le grand effort de la discussion. Les deux autres n'en sont que des corollaires. Le chiffre de 1,800 immigrants prévu par la commission est-il insuffisant pour assurer le maintien et le développement de nos cultures? C'est ce qu'il s'agirait de se demander.

Le principe de l'immigration n'est pas ici mis en cause. M. Le Dentu le constatait ce matin, et il importe de le constater encore. Il est certain qu'à partir de la grande époque de 1848, une transformation radicale s'est opérée dans les conditions de l'existence du pays au point de vue agricole. Les hommes qui avaient été jusque-là attachés à la grande culture ont pu trouver ailleurs un meilleur et plus utile emploi de leur travail; beaucoup d'entre eux (qui pourrait s'en étonner?) se sont laissé séduire par ce brillant mirage de la liberté, qui leur apparaissait pour la première fois. La production coloniale était menacée. Je ne veux pas rechercher ici s'il n'aurait pas été possible d'empêcher cette séparation qui s'est produite pendant un temps entre le cultivateur et le propriétaire du sol, et si l'équilibre un instant rompu n'était pas appelé à se rétablir naturellement par la force de la nécessité, et par la seule puissance des transactions ordinaires. J'accepte le fait tel qu'il s'est présenté, et je comprends qu'on ait eu recours à l'immigration. Cette immigration a-t-elle fait du bien au pays? Je ne veux pas le nier. Elle a élevé le niveau de la production coloniale, et par là elle a fertilisé toutes les sources de la richesse publique. Mais est-elle bien à elle seule cette universelle et souveraine panacée que quelques-uns des membres de cette assemblée seraient disposés à y voir? Vous savez le contraire, Messieurs, vous savez que la misère est encore bien grande dans ce pays, et vous pouvez en juger mieux que personne, vous qui avez eu sous les yeux la liste inépuisable des malheureux de toutes classes qui viennent vous faire l'aveu de leur infortune. Les 2,350 immigrants que le conseil général a demandés depuis trois ans ont-ils supprimé ces misères? Le nombre des personnes qui réclament assistance est-il moins considérable que par le passé? Vous savez bien que non.

Tenons-nous donc dans la mesure exacte des réalités; faites ce qu'il faut; mais ne faites que ce qu'il faut.

On vous a fait entrevoir l'espoir d'une production surabondante, et l'on vous a invités à ne pas détourner vos yeux de cet idéal dont l'immigration seule, vous a-t-on dit, pouvait assurer la réalisation. Si vous écoutiez ces avis, non seulement vous ne toucheriez pas à la source du recrutement des travailleurs étrangers, mais encore vous augmenteriez le nombre des travailleurs à introduire. L'année prochaine on vous le demandera peut-être. Ne trouvez-vous pas, Messieurs, qu'il n'est pas bon de fortifier outre mesure cet élément exceptionnel de notre population, qui, s'il est un élément de production, n'est certes pas un élément de moralisation? Et puis, il ne suffit pas de produire; il faut encore produire dans des conditions économiques satisfaisantes, et ces conditions, ai-je besoin de vous le dire? ne sont pleinement réalisées que par le travail libre. Vous vous souvenez des critiques qui ont été adressées dans les derniers temps du régime de l'esclavage contre le système économique qui résultait de ce régime. La somme du travail fournie était d'abord moindre, et, pour l'obtenir, le propriétaire était obligé d'immobiliser une quantité considérable de capitaux qui auraient pu être mieux employés. Le même reproche pourrait être adressé au système de l'immigration si l'application de ce système ne s'arrêtait pas à une limite rationnelle. Cet inconvénient que je vous signale ici, M. Dubos l'a signalé ce matin; il vous a rappelé tous les sacrifices que l'habitant est obligé de s'imposer pour organiser son atelier d'Indiens. Je m'empare de cet argument, et je vous dis à mon tour que ces capitaux énormes que vous employez à acheter, puisque c'est le mot dont on se sert, des travailleurs engagés, vous en feriez un meilleur usage, si vous pouviez arriver à amener à vous le travailleur créole. Cette entente est-elle donc impossible? Je connais des hommes, il en est parmi vous qui l'ont réalisée. Pourquoi leur exemple ne pourrait-il pas être suivi? De cette manière, l'immigration restera ce qu'elle doit être, un complément du travail créole et non pas une cause d'amoindrissement de ce travail.

Et si vous suivez les conseils de ceux qui vous demandent de maintenir ce large courant d'immigration que votre commission a trouvé excessif, si vous allez plus loin, comme on vous y convie, à quoi arriverez-vous? Vous introduirez, je le suppose, 5,000 immigrants par an dans la colonie. Que deviendra alors le travail indigène? N'est-il pas évident que vous vous serez procuré par là le moyen de vous en passer? Les choses en iront-elles mieux? J'en doute, Messieurs, et je me permets de penser qu'il vaudrait mieux laisser la loi de l'offre et de la demande produire ici ses effets, et ne pas rendre ainsi inutile ce rapprochement que vous demandez vous-mêmes, entre le cultivateur indigène et le propriétaire du sol.

La commission vous offre 1,800 immigrants par an. Elle vous les offre, parce qu'elle reconnaît comme vous la nécessité de l'immigration. On dit que ce n'est pas assez. Pensez-y un peu, Messieurs. N'est-ce donc rien que 1,800 travailleurs ajoutés tous les ans, d'une part, aux cultivateurs du pays, d'autre part aux 24,000 immigrants que vous avez déjà dans la colonie? Si vous augmentez ce nombre, vous ne vous contenterez pas d'établir entre le travail créole et le travail étranger une concurrence qui peut avoir son utilité; vous tendrez à supprimer le travail créole.

Je ne veux pas rappeler les arguments multiples que des économistes dont vous ne récuserez pas l'autorité ont invoqués contre l'immigration : il n'est pas question de combattre cette institution. Mais ces arguments peuvent servir en partie à démontrer la nécessité de ne pas étendre outre mesure le recrutement des travailleurs étrangers. Je prends au hasard un de ces arguments. On a dit que la source du recrutement pourrait un jour se trouver tarie par suite de complications internationales ou de toute autre circonstance de force majeure. Il est prudent de songer à cette éventualité, car l'avenir de la colonie peut-être en dépend. Pareille circonstance venant à se produire, que ferez-vous donc, si vous admettez comme un axiome que vous ne pouvez pas vous passer de 2,350 immigrants au moins par an? N'est-il pas sage, n'est-il pas nécessaire que vous vous mettiez à l'abri des malheurs qui pourraient résulter d'une telle situation, et que dès maintenant vous songiez aux moyens de réaliser l'alliance entre le travail indigène et le travail étranger?

Il est une autre considération que je veux aussi faire valoir devant vous, bien qu'elle puisse paraître d'une importance secondaire au point de vue économique. Au point de vue moral, elle est digne d'une attention sérieuse. Non seulement il n'est pas bon que les travailleurs étrangers soient introduits en si grande abondance qu'ils puissent faire échec aux travailleurs du pays, mais je dis qu'il y aurait un véritable danger à ce que les engagistes d'immigrants fussent certains de pouvoir à des époques déterminées renouveler leur personnel de travailleurs. N'est-il pas à craindre que cette certitude ne pousse quelques-uns d'entre eux (je parle bien entendu des mauvais, et non des hommes consciencieux qui sont heureusement en grande majorité), n'est-il pas à craindre, dis-je, que cette certitude ne pousse quelques engagistes à se dispenser de fournir à leurs travailleurs engagés tous les soins dont ceux-ci ont besoin? Souvenez-vous du passé. C'est une des causes qui ont motivé autrefois la suppression de la traite des esclaves.

On a mis sous vos yeux le tableau des souffrances de l'agriculture. Ces souffrances, tout le monde les ressent; vous ne différez même pas dans l'appréciation des moyens de les faire cesser, mais seulement dans la détermination de la mesure dans laquelle il convient d'employer ces moyens. Les uns disent : « L'immigration est le seul, le souverain remède, il faut la développer sans limite; » les autres répondent : « ce moyen est dangereux, nous ne devons nous en servir qu'avec modération. » Je crois que ces derniers ont raison.

On vous a cité l'exemple de propriétés qui, mises en adjudication, restaient au Crédit foncier pour une somme de 5 à 10,000 francs, alors que des prêts de 50 à 100,000 francs avaient été faits sur ces propriétés. De pareils faits, Messieurs, sont tout nouveaux; ils ne s'étaient pas produits jusqu'à ces derniers temps, et cependant l'immigration a été largement développée.

Pour toutes ces raisons, Messieurs, je vous prie de maintenir le chiffre de 1,800 immigrants qui vous est proposé par votre commission, et qui paraît suffisant.

Je passe aux deux autres points qui ont fait l'objet des critiques dirigées contre le rapport de la commission.

Il faut d'abord éliminer de ce débat certaines considérations qui ont été invoquées pour montrer l'exagération des charges qui pèsent sur la propriété foncière aux colonies, parce que ces considérations ne semblent pas ici à leur place. Il ne s'agit pas d'examiner si le droit qui frappe les produits du sol est un véritable impôt direct, ou, comme le conseil d'État l'a jugé, un impôt indirect. Admettons pour le moment, si vous voulez, que ce droit est véritablement l'impôt foncier. Les règles d'établissement de l'impôt foncier sont fixées en France au moyen du cadastre; mais cet impôt frappe les propriétés en raison des revenus qu'ils sont susceptibles de produire, et non pas de ceux qu'ils produisent réellement. Telle propriété qui, en France, ne rapporte rien, peut être assujettie à payer un chiffre considérable d'impôt. Ici il n'en est pas de même; le producteur colonial ne supporte le droit qu'en proportion des quantités de denrées qu'il livre au commerce extérieur. Il ne payera rien, si tous ses produits sont consommés sur place. On peut donc dire tout au moins que les charges se balancent, et je ne vois pas qu'on soit fondé à invoquer la situation de la terre en France pour en tirer un argument en faveur de la thèse qui est en discussion. Et puis, il faut bien le dire, la situation du propriétaire foncier est bien différente en France de ce qu'elle est aux colonies. Ici on trouve encore bon nombre de planteurs qui s'imaginent de bonne foi qu'ils doivent trouver dans la culture de la terre un moyen de s'enrichir. Il n'en est pas ainsi en France où la propriété foncière constitue une fortune acquise, est en quelque sorte le signe de cette fortune. La terre, en France, rapporte 3 pour 100, moins que la rente; on est porté à lui demander ici des revenus exceptionnels. C'est peut-être la cause des déceptions dont on vous parlait tout à l'heure.

Veut-on encore se reporter à ce qui se passe en France? On connaît la théorie qui consiste à soutenir que l'impôt foncier, par suite des transmissions successives de biens, prend, à la longue, le caractère d'une véritable rente foncière, d'une sorte de servitude attachée à la propriété du sol, de telle manière que l'acquéreur et le vendeur d'un immeuble se tiennent mutuellement compte de ce prélèvement fait par l'État, d'où il résulte qu'à un certain moment, l'impôt foncier ne constitue plus une aggravation de la situation du contribuable qui le paye. C'est une des considérations qui ont été quelquefois invoquées contre les projets de remaniement de l'impôt. Si cette théorie est exacte ailleurs, et si le droit à la sortie n'est pas, comme on le dit, autre chose que l'impôt foncier, y a-t-il quelque raison pour qu'elle ne trouve pas son application ici?

Ne parlons donc pas quant à présent, de l'impôt foncier, et demandons-nous seulement si le maintien des différentes subventions accordées à l'immigration est indispensable. La fixation du chiffre de ces subventions est subordonnée aux besoins auxquels elles ont pour objet de faire face. Or, tous les besoins du service de l'immigration, le nombre de 1,800 Indiens étant adopté, sont assurés. Pourquoi donc exiger des contribuables un sacrifice inutile, pourquoi leur demander 400,000 francs, alors qu'avec 300,000 francs, il est facile de pourvoir aux besoins du budget?

On a émis une théorie qui consiste à considérer les 400,000 francs de subvention à la caisse de l'immigration comme étant une restitution des sacrifices faits par l'agriculture en faveur de la caisse coloniale. Ce n'est pas dans ce sens que la subvention a été votée en 1871. Vous vous souvenez, en effet, que l'intention du conseil général a été, à cette époque, d'accorder à la caisse de l'immigration, à titre purement transitoire, des ressources spéciales destinées à faciliter sa constitution. Soutenir aujourd'hui qu'il s'agit d'un droit acquis, d'une sorte de répétition de l'indû, c'est dénaturer complètement la pensée du conseil général de 1871; c'est déclarer, ce qu'il n'a pas entendu, que la subvention ne sera jamais diminuée.

On n'a pas encore parlé des décimes. Les mêmes raisons qui peuvent motiver une réduction de l'ancienne subvention doivent aussi s'appliquer à ces décimes. Si le service de l'immigration peut être suffisamment assuré au moyen des seules ressources qui vous sont indiquées par la commission, il est clair que l'inscription au budget de ces allocations supplémentaires devient sans objet.

Quant à l'augmentation des sommes laissées à la charge de l'engagiste pour remboursement de primes d'introduction, elle se justifie par des nécessités financières sur lesquelles l'attention du conseil a été déjà plus d'une fois appelée. La même proposition vous a été soumise en différentes occasions. L'administration pensait autrefois qu'un remboursement de 300 francs environ sur une dépense de 500 francs faite par la colonie pour l'introduction de chaque immigrant, représentait une quantité suffisante de protection en faveur des agriculteurs. Elle professe encore aujourd'hui la même opinion. Il faut remarquer d'ailleurs que dans ces 300 francs sont compris les droits d'enregistrement à percevoir sur les contrats, droits qui ont un caractère particulier, qui sont une charge des transactions, et qui, à ce titre, doivent être déduits de la somme effectivement remboursée par l'engagiste.

Je pense donc que les propositions de la commission doivent être adoptées. Elles représentent, à mon avis, la mesure exacte des sacrifices que la colonie peut et doit faire en faveur de l'immigration. Il est bien entendu, du reste, que si ces sacrifices paraissaient insuffisants aux intéressés, ils auraient la faculté de se réunir pour introduire à leurs frais de nouveaux convois. C'est un exemple qui a déjà été donné par les colonies de la Réunion et de la Martinique.

M. Souques. Messieurs, vous avez entendu les deux réponses faites à ce qui a été dit ce matin, à l'encontre des propositions de la commission tendant à réduire à 1,800 le nombre d'immigrants à introduire.

Les considérations développées par le rapporteur ont été inspirées par le souvenir du passé. Je ne répondrai pas aux observations relatives à la question de l'impôt foncier. Cette question devant se présenter à propos du budget des recettes, je me réserve pour le moment où il s'agira de la surtaxe des sucres.

On nous a dit, en se basant sur les appréciations de certains voyageurs, de certains économistes, que déjà, dans le passé, les colons se plaignaient de l'insuffisance de bras. Pour moi, je ne vois pas comment une comparaison pourrait être établie entre l'homme qui travaille toute sa vie pour autrui et celui qui ne s'est engagé à aliéner ses bras que pour cinq ans. L'on vous a cité ensuite l'opinion, non d'économistes indiquant des formules, mais de voyageurs racontant leurs impressions de voyage. J'écarte donc de la question les broussailles dont on l'a enveloppée, pour revenir à la situation coloniale du moment, la seule qui puisse nous occuper.

La prospérité du pays, personne ne le contestera, c'est notre rêve à tous, c'est l'objectif de tous ceux qui sont ici. Cherchons ce qu'il y a de mieux à faire pour y parvenir. J'ai dit ce matin que le conseil général, en votant une augmentation du nombre des immigrants, ne faisait qu'accroître le revenu de la colonie. J'ai dit que, de 1856 à nos jours, nous étions montés de 55,000 à 90,000 barriques de sucre. Personne ne contestera ce résultat, et, si nous l'avons atteint, c'est en partie grâce à l'immigration, car sans bras, pas d'accroissement de revenu. On ne doit pas oublier que, durant ces trente dernières années, ceux qui n'étaient rien sont devenus ouvriers, mécaniciens, colons, etc., qu'ils ont progressé dans toutes les voies. L'amélioration du sort de la population née sur le sol de la colonie, est manifeste, et c'est surtout à l'immigration qu'est due cette amélioration qui, on peut le dire, a été plus rapide que dans la vieille Europe.

En présence de ces résultats, qu'allez-vous faire? Le pays compte sur 2,350 immigrants. Il faut maintenir ce chiffre, qui représente la quotité nécessaire pour remplacer ceux qui disparaissent. Autrement, le nombre d'hectares de terre en culture va se restreindre, et les frais généraux restant les mêmes, vous aurez une production moindre qui vous conduira à une situation des plus précaires; car, ne perdons pas de vue que nous n'avons pas seulement à supporter les dépenses courantes, mais aussi les charges que nous a léguées le passé.

Je dis que le conseil général doit maintenir la situation actuelle, en veillant à ce que les vides survenant pour une cause ou pour une autre dans la population immigrante soient toujours comblés.

Avec un contingent de 2,350 Indiens, on peut à peine donner au budget local la somme d'impôts qu'il réclame. En réduisant ce chiffre, vous aboutirez à grever le contribuable, ou à restreindre certaines dépenses.

On assure que, par des combinaisons conciliantes, nous arriverions à nous procurer des bras créoles. A-t-on fait autre chose en établissant le colonage partiaire? Il y a des habitants qui donnent des terres aux cultivateurs créoles, qui de plus fournissent des engrais, font enlever les cannes par leurs immigrants, et nonobstant, que voit-on le plus souvent?.... Les colons quitter la commune ou l'habitation pour aller se fixer ailleurs, et le propriétaire dans la nécessité d'intervenir pour que les plantations ne soient pas abandonnées. Je pourrais citer des faits de ce genre, qui se sont produits à l'Anse-Bertrand et au Port-Louis. Croyez-vous après cela qu'il soit possible aux usines de subsister avec les seuls travailleurs au colonage? Nous sommes dans une période de transition. Il faut permettre à la situation actuelle de se développer et de s'affermir.

Pense-t-on d'ailleurs que l'immigration soit faite de gaieté de cœur? Y recourir est pour nous une obligation à laquelle nous ne pouvons nous soustraire; c'est un engrenage dans lequel nous sommes engagés, par la dure loi de la nécessité. Irons-nous dire au travailleur créole : « Vous vous engagerez pour cinq ans ? » Vous savez bien qu'on ne peut l'y contraindre. En France, les engagements ont lieu partout. Tout le monde travaille : c'est que là où l'hiver se fait sentir, le parasite disparaît. Il n'en est pas de même sur notre sol colonial avec sa végétation abondante. Et vous voulez comparer ce qui existe ici avec ce qui se pratique là-bas! Pensez-vous que ceux qui vont se renouveler, se réchauffer en France dans ce foyer de lumière, et de libéralisme, n'en rapportent pas des idées généreuses, larges? Ceux-là, aussi bien que vous, veulent le progrès, et s'ils subissent l'immigration, c'est qu'ils ne peuvent la remplacer.

M. Le Dentu. M. le rapporteur de la commission, ainsi que M. le directeur de l'intérieur, nous ont dit que les éléments voulus existaient dans la population de ce pays, pour assurer l'excédent de travail représenté par les cinq cent cinquante immigrants que nous refuse la commission. Il a été dit aussi, d'une manière générale, qu'aux Antilles comme à la Réunion les grands propriétaires étaient moins préoccupés de l'idée d'attacher le travailleur indigène à la culture de leurs terres que de l'y remplacer par l'immigrant.

Messieurs, ces assertions sont loin d'être exactes, j'espère vous en convaincre. Je le dis, je le proclame hautement : je considère, nous considérons tous l'immigration indienne comme un *pis-aller*. Nous vous la demandons pourtant. N'est-ce pas là la meilleure preuve qu'elle est indispensable? Mais revenons au point à démontrer. Il ne pourrait y avoir que deux moyens de retenir le travailleur créole au travail de la grande culture. Ces moyens sont ou la contrainte, ou l'appât d'un salaire supérieur. Quant au premier moyen, qui pense à entraver la liberté individuelle? Qui pense ici que l'on puisse imposer à un homme l'obligation de travailler à telles ou telles conditions définies? Personne, assurément. Le premier moyen éliminé, reste le second : l'appât du salaire plus élevé. Mais, Messieurs, du moment que je suis venu vous dire : Oui, c'est vrai, l'immigration est un pis-aller; dès l'instant que nous sommes tous d'accord sur ce point, ne sentez-vous pas que ce salaire qui s'est élevé depuis vingt ans, nous l'élèverions encore, en supposant que ce moyen dût être efficace, si nous le pouvions?

Mais nous ne le pouvons pas, et la campagne a fait, à cet égard, tout l'effort qu'elle pourrait supporter.

Il y a vingt ans, le sucre valait 30 francs les 10 kilogrammes, et la journée de travail était payée de 80 centimes à 1 franc. Or, aujourd'hui, le produit brut de la canne a diminué d'un tiers, le sucre vaut 20 francs les 100 kilogrammes, et cependant nous payons 1 fr. 50 cent. à 1 fr. 75 cent. la journée de travail. Donc, le salaire a été considérablement augmenté.

Pourquoi ne pas aller au delà, direz-vous? Pour la raison bien simple que j'ai déjà indiquée : nous ne le pouvons pas. On est arrivé au maximum de l'effort possible, et l'on ne peut faire plus sans produire à perte. Or, la production à perte c'est la ruine, et la ruine de chaque producteur c'est la ruine du pays. Donc, aucun reproche à encourir.

Ah! si parce que nous ne pouvons pas aller au delà, nous plongions dans la misère le travailleur créole, je serais le premier à le plaindre. Mais non, au contraire, tout est pour le mieux. Ce travailleur créole voit, par ailleurs, son sort s'améliorer par le travail en régie. Il trouve ailleurs des emplois plus lucratifs, plus propres en même temps à rehausser sa situation morale, et en outre, sous toutes ces formes, nous faisons de lui aujourd'hui notre associé.

M. Rougé. En raison des exigences de la culture dans un pays où il est vrai de dire qu'il n'y a pas de besoin plus impérieux, les travailleurs libres et indépendants ne peuvent répondre à ces exigences quand même ils offriraient un effectif suffisant. En effet, depuis 1848, le nombre de ceux qui étaient attachés à l'exploitation des propriétés a considérablement diminué et est appelé à diminuer encore, parce que beaucoup d'entre eux sont devenus propriétaires, parce que beaucoup d'autres, et je les en félicite, cherchent à se créer, avec le travail, l'ordre et l'économie, une position indépendante; parce qu'enfin il n'est ni dans votre volonté, ni dans votre pouvoir de contraindre un homme libre à travailler. Donc, autant de raisons pour demander à l'immigration de rendre à l'agriculture les forces dont elle a besoin. C'est pourquoi je voterai le maintien des 2,350 immigrants par an, tout en acceptant la diminution de 100,000 francs que la commission propose sur la subvention de 400.000 francs inscrite au projet de budget.

M. Sébastien. Sur la question qui s'agite, nous sommes tous d'accord. L'immigration, qu'on la considère à un point de vue général, ou seulement au point de vue de l'intérêt particulier, mérite également notre attention et notre sollicitude.

Au point de vue des intérêts généraux, c'est l'extension de la culture, l'augmentation de nos denrées exportables ou non ; c'est la consommation se mettant en rapport avec le chiffre croissant de notre population et profitant à tous, trésor, agriculture, commerce, industrie. Dans cet ordre d'idées, nous acceptons parfaitement les sacrifices que fait chaque année la colonie pour le recrutement de bras étrangers. Cependant ces sacrifices ont leurs limites raisonnables, et c'est parce que les conclusions de la commission tendent à concilier tous les intérêts que j'y adhère entièrement. Je veux d'ailleurs demeurer sourd aux bruits calomnieux répandus en vue de faire croire que l'immigration est appelée à remplacer à un moment donné les bras créoles. Arrière ces appréhensions non justifiées ! mais n'en restons pas moins comme des sentinelles avancées et ne nous laissons pas accuser d'imprévoyance à cet égard. Ce n'est pas une barrière que nous élevons. Si le besoin nous en est démontré nous voterons 1,800 immigrants et plus; mais, de grâce, qu'on ne nous mette pas à la merci des intérêts privés. Vaincus de ce côté, nous resterions du moins indemnes de tout reproche devant l'opinion et devant le pays.

Je veux, Messieurs, m'attacher à la principale amélioration que réclame l'état présent des choses, celle concernant le personnel protecteur. Sous ce rapport nous comprenons tous combien une bonne organisation est nécessaire. Du choix de ce personne dépendra l'avenir du service que nous rétablissons. Aussi l'administration, nous en sommes convaincus, fera-t-elle tous ses efforts pour trouver des auxiliaires qui répondent à sa confiance en se pénétrant de leurs devoirs. Il nous faut des hommes intelligents, capables, zélés, prudents et fermes, en un mot, à la hauteur de la mission. C'est par eux que nous saurons si les conditions de l'engagement sont de part et d'autre observées; que nous saurons s'il existe sur la propriété un hôpital convenablement tenu, confié à un médecin abonné faisant régulièrement ses visites. Il y a de ce côté, Messieurs, un intérêt supérieur à sauvegarder; car, pour n'avoir pas soigné à temps un immigrant malade, on l'expose à passer à l'hôpital des mois entiers pendant lesquels il perd, lui, son salaire, et l'engagé le travail sur lequel il comptait. Ce n'est pas tout; on l'expose encore, cet immigrant, à voir son engagement se prolonger au delà du temps déterminé, à ne se libérer qu'après six, sept, huit, neuf ans; enfin on l'expose même à mourir au grand préjudice de la propriété et de la colonie. J'appelle votre attention sur ce point particulier où il y a réellement à améliorer, et c'est parce que l'organisation qui nous est proposée vise à ce résultat que nous devons l'accepter.

La cause du mal matériel et moral que je vous signale, Messieurs, c'est l'absence habituelle du propriétaire, c'est ce qu'on a appelé ailleurs *l'absentéisme :* le plus souvent, avocat, négociant, rentier, grand usinier, etc., le propriétaire ne réside pas d'ordinaire sur l'habitation. Il est remplacé par un géreur. Loin de moi la pensée d'accuser les géreurs; mais si j'en connais qui justifient entièrement la confiance de leurs patrons, il en est d'autres qui justifient aussi ce vieux dicton : *mal d'autrui n'est que songe.* Ajoutons que le propriétaire lui-même, quand il réside sur la propriété, se relâche aussi quelquefois de sa surveillance pour une cause ou pour une autre. Il faut donc, Messieurs, que nous venions en aide à tous, que nous mettions chacun en face de son devoir et, au besoin même, en face de son intérêt.

C'est pour récolter que nous semons, c'est pour renforcer l'effectif de nos travailleurs que nous faisons venir des immigrants à grands frais. N'oublions pas que le contribuable se saigne pour faire vivre l'immigration et qu'il est en droit d'en attendre un profit. Soignons donc, Messieurs, nos immigrants malades, afin de les conserver; attachons-nous ces travailleurs par de bons procédés, afin qu'ils oublient, si c'est possible, le droit au rapatriement, et qu'ils restent au pays. Tout le monde y gagnera.

Je désire, Messieurs, que ces paroles vous prouvent la pureté de mes intentions; je désire aussi qu'elles fassent quelque impression sur votre esprit libéral et éclairé.

M. Rougé. Personne ici ne met en doute que notre seul désir ne soit de rendre la Guadeloupe heureuse, prospère, et nous ne ne pourrons arriver à l'apogée de cette noble ambition qu'en conservant l'immigration.

M. le Rapporteur. Dans sa réplique, M. Souques a dit qu'il a dû écarter de la discussion les *broussailles*. Je ne me croyais pas marchand de fagots. Mais, dit le proverbe, il y a fagots et fagots. Examinons ces fagots-là.

M. Souques croit que j'ai comparé la situation de l'Indien à la situation de l'esclave. Je ne suis point entré dans cette discussion. J'ai dit que, du temps de l'esclavage, déjà on se plaignait du manque de bras, comme on s'en plaint aujourd'hui.

Je n'ignore pas d'ailleurs les différences qui existent entre la production agricole en France et ici. Je n'ai eu l'intention de faire la leçon à personne, persuadé que ceux qui vont se *renouveler*, se *réchauffer* en France, selon l'expression de M. Souques, en savent autant et plus que moi.

J'ai produit des résultats sur des recherches qui me sont personnelles, je n'ai même pas voulu donner trop d'importance à ces résultats. Ils ont servi cependant à établir que la population de ce pays offre des éléments suffisants pour remplir les vides des ateliers agricoles.

L'augmentation de l'immigration, a dit M. Souques, a eu pour avantage de porter le chiffre de la production sucrière de 55,000, 60,000 à 90,000, 98,000 barriques. Je n'ai point contredit les chiffres de M. Souques : je n'ai point formulé de simples appréciations personnelles en ce qui me regarde ou en ce qui revient aux économistes que j'ai cités.

J'ai sommairement rappelé les vices de l'immigration indienne au point de vue économique même.

Qu'a-t-on dit en faveur de l'immigration?

On a dit que l'Indien consommait, qu'au point de vue de la consommation des spiritueux il était un élément de production pour le budget. C'est à peu près les expressions de M. Souques. Cette phrase, ramenée à sa valeur banale, triviale, revient à dire que l'Indien boit plus de tafia que le noir. Avec quel argent paye-t-il ? Si l'immigration indienne est pour nous une importation de bras, est-elle aussi une importation de capitaux? Non. Si l'Indien boit du tafia, il le paye avec notre argent. Et cet argent pourrait être assurément bien mieux employé à autre chose.

On a dit que la présence de l'Indien avait contribué à augmenter le salaire du travailleur indigène; j'ai fait voir que ce qu'il y a de vrai dans cette assertion dépend de ce fait qu'à la venue des Indiens, le travailleur indigène lui a laissé le travail infime de la terre pour se résérver les métiers et l'industrie. Ce travail, plus noble, a dû être mieux rétribué. Mais il est constant que ce travail plus noble demande moins de bras, et il est vrai de dire que les travaux auxquels est affecté l'Indien, le créole ne les fait pas et que cet état de choses laisse disponible un certain nombre de bras qui auraient pu y être employés.

Aujourd'hui nous vous proposons 1,800 Indiens. Et l'on dit que c'est insuffisant. En 1878, nous avions 1,800 Indiens, et la production n'a jamais été si forte. Et en 1879, où l'on en a eu 2,550, la production a été moindre. Cela ne prouve pas que moins on a de bras plus on produit; car le nombre de bras n'est pas le seul facteur de la production. Cela prouve que le nombre de 1,800 a été suffisant, et cela donne le droit de dire qu'il l'est encore.

M. D. Iphigénie. Messieurs, en prenant la parole, je tiens à déclarer que je suis partisan de l'immigration, mais de l'immigration proportionnée aux besoins du pays. On vous disait ce matin qu'il n'y a pas de concurrence entre l'Indien et le créole; je prétends le contraire et je veux essayer de le démontrer.

Admettons qu'une habitation ait marché tant bien que mal, faisant 150 barriques de sucre avec une quarantaine de travailleurs créoles; le jour où vous y faites rentrer un nombre égal d'Indiens, vous renvoyez les premiers, tous ou en partie....

M. Dubos. Non, on double les produits.

M. D. Iphigénie.... sauf à les reprendre plus tard, lorsqu'ils vous seront nécessaires pour la récolte. Par là je veux dire qu'en culture comme en industrie on se fait un budget qu'on ne peut dépasser. Vous, Messieurs, les propriétaires de cent habitations et usines, vous qui en savez plus long que moi sur ces matières;. vous qui certainement ménagez le budget de vos adhérents et de vos gérants pensez-vous qu'ils puissent, dans l'ordre d'idées que je viens d'indiquer, prendre pour leur travail toujours des bras créoles? Je réponds non, parce qu'avant de songer aux travailleurs indigènes, il leur faut songer à leurs engagements envers l'Indien qu'ils doivent nourrir, qu'ils doivent occuper, toutes obligations qui ne leur permettent pas de s'adresser aux cultivateurs indigènes pour un travail suivi, pour un travail régulier. A ces travailleurs-là, je le répète, ils ne vont que par ricochet, lorsqu'ils ne peuvent faire autrement, dans la généralité des cas, du moins.

J'en conclus que le travail indien fait concurrence au travail créole, et que le jour où vous appellerez assez d'immigrants pour vous passer des indigènes, ceux-ci n'auront plus accès chez vous.

Ne dites pas, Messieurs, qu'en ramenant l'effectif total des convois au chiffre proposé de 1,800 Indiens, nous amoindrirons la production quant à présent. Nous sommes là d'ailleurs pour augmenter ce chiffre avec vous lorsqu'il le faudra. Nous le porterons l'année prochaine à 2,000, à 2,500, s'il y a nécessité : mais eu égard aux charges actuelles du pays, eu égard à ce que nous avons à faire pour le développement de l'instruction publique, nous devons admettre les conclusions du rapport en ce qui concerne le nombre d'Indiens à introduire cette année.

Vous aussi, Messieurs, vous les accepterez, ces conclusions, vous souvenant que vous n'avez jamais manqué de penser et de dire qu'avec une majorité républicaine au conseil l'immigration serait perdue.

M. Souques. Où l'a-t-on dit ? Pas ici ?

M. D. Iphigénie. Dans le pays.

M. Souques. Je demande la parole.

M. le Président. Est-ce pour un fait personnel ?

M. D. Iphigénie. Je n'ai pas fait de personnalité.

M. le Président. En effet, notre collègue n'en a fait aucune. Je déclare l'incident clos.

M. D. Iphigénie. Pour ma part, je viens vous assurer, Messieurs, que l'immigration ne sera pas compromise ; non, non, elle vivra et continuera à marcher de pair avec les intérêts les plus sérieux de la colonie. Ayez donc confiance en nous, Messieurs, et puisque nous sommes tous d'accord sur le principe, votons tous les conclusions du rapport.

M. Jean-Louis jeune. Messieurs, je ne pensais pas prendre la parole dans cette discussion, mais je m'y décide pour confirmer ce que viennent de dire plusieurs de mes collègues. Donc, après eux, je viens aussi déclarer qu'il n'est nullement dans notre pensée de supprimer l'immigration, le pays en a besoin, la culture la réclame : son maintien est une nécessité indiscutable.

Permettez-moi, pour être plus bref, de ne faire parler que des chiffres.

Notre collègue, M. Souques, a fait ressortir qu'avec le contingent annuel de 1,350 immigrants que la colonie recevait jusqu'en 1878, la production locale avait augmenté considérablement. Moi, je ne m'arrête pas à 1878, je pousse jusqu'en 1880, et je considère quel était à cette date le nombre d'immigrants reçus.

De 1854 à 1880 il en a été introduit 28,914. Déduisant pour les décès et les rapatriements 5,211 sujets, il en reste 23,703; tel est le contingent effectif qui, en vingt-six ans, a fait augmenter la production d'une façon remarquable, c'est-à-dire de près de moitié en sus. Si maintenant nous répartissons ces 23,703 Indiens sur les vingt-six années qui nous séparent des débuts de l'immigration, nous trouvons un chiffre de 912 immigrants mis annuellement à la disposition de la culture. C'est donc à ce nombre que nous devons l'augmentation progressive et considérable de notre production.

Cela dit, je me demande, Messieurs, s'il est vraiment question aujourd'hui de réduire cette production. Non certes, et cela n'est pas à craindre, si vous tenez compte de l'augmentation qui va porter de 912 à 1,800 le chiffre du contingent annuel, car, si avec 912 Indiens par an vous avez obtenu les résultats que l'on sait, il est évident qu'avec 1,800 Indiens, ces résultats vont progresser dans une mesure correspondante.

Nous pouvons donc, sans rien compromettre, adopter le chiffre de la commission.

J'ajoute en terminant qu'il ne serait pas sage de toujours compter sur les immigrants comme l'unique ressource de notre agriculture. Il n'est que trop vrai, les bras indigènes nous font défaut ; mais vous n'ignorez pas ce qu'impose de fatigues la culture de la canne, et lorsqu'un cultivateur créole, à la recherche du bien-être, trouve l'indépendance et le repos sur une petite propriété qu'il cultive à son gré, nous n'avons rien à dire : il use de son droit. Mais portons plus loin nos regards. En parcourant la colonie, j'ai pu constater qu'elle nourrit un nombre considérable d'enfants, à qui nous devons le bienfait de l'instruction. Assurons-leur ce bienfait, et, dans un avenir peu éloigné, le travail intelligent qu'ils nous donneront en retour permettra à notre agriculture de se passer de mercenaires étrangers, tout en maintenant sa production.

M. Sarlat. Très-bien ! Très-bien !

M. le Président. M. Sarlat a la parole.

M. Sarlat. Messieurs, avant la clôture de la discussion générale, je dois vous faire part de mon sentiment sur l'objet du débat.

Les opinions, je ne dirai pas qui se sont fait jour, mais qui existent réellement sur l'importante question de l'immigration, peuvent être rangées en trois catégories :

La première se compose des partisans du *statu quo*, lesquels pourraient demander demain qu'on élevât le chiffre du contingent d'Indiens à 3,000, 4,000, pour le porter dans quelque temps à 7,000, 8,000, et même 10,000, de telle sorte qu'on ne saurait plus où s'arrêter dans cette voie.

La seconde comprend la majorité de la commission. Vous avez entendu M. le rapporteur, et, après lui, M. le directeur de l'intérieur, qui tous deux ont développé des raisons en faveur des conclusions de la commission.

Mais il y a la troisième opinion : celle des membres qui ne considèrent pas l'immigration comme la solution nécessaire et forcée de la question que soulève dans ce pays l'absence de bras, qui condamnent cette institution au point de vue moral, humanitaire, et qui sont prêts à la condamner au point de vue économique.

Cette dernière opinion ne s'est pas produite au sein du conseil, mais elle existe dans le pays, et je me hâte d'ajouter que c'est à celle-là que j'appartiens.

Sans vouloir discuter en ce moment le principe même de l'immigration, qui est actuellement accepté, il est bien entendu, Messieurs, que si beaucoup de nos collègues et moi, nous votons les conclusions de la commission, nous ne les considérons pas moins que comme un compromis, une transaction. C'est donc dans un esprit de conciliation, pour ne pas briser le faisceau des forces républicaines qui doivent exister dans cette assemblée, que, pour ma part, j'adhère aux propositions du rapport. Je ne suis pas de ceux qui disent tout ou rien.

Demande de scrutin public.

M. le Président. La discussion générale étant close, je vais donner connaissance de deux propositions avant de passer au vote en détail des conclusions du rapport.

La première proposition est ainsi conçue :

« Vu l'importance des débats sur la question d'immigration, nous demandons au conseil général qu'il lui plaise de décider qu'il y aura un scrutin public à ce sujet, avec insertion des noms au procès-verbal, sur les trois propositions du rapporteur que voici :

« 1° Fixation du nombre des immigrants à introduire en 1881 ;

« 2° Fixation de la subvention coloniale ;

« 3° Fixation du chiffre à payer pour chaque immigrant.

« Signé Ch. Gervais, Sarlat, D. Davis,
J. Marie. »

Adopté à l'unanimité.

Proposition de porter à 2,350 le nombre d'immigrants à introduire en 1881. — Rejet.

M. le Président. La seconde proposition porte :

« Nous demandons au conseil général de décider qu'avant d'examiner les voies et moyens propres à l'établissement du budget de l'immigration pour 1881, il soit statué sur le contingent d'immigrants à introduire pendant l'exercice courant, contingent que nous proposons de fixer au chiffre de 2,350, selon les prévisions inscrites au budget présenté par l'administration.

« Signé Dubos, Rollin, E. Souques, Alléaume. »

Cette proposition, mise aux voix, est repoussée.

Ont voté contre :

MM. Guilliod, Lacascade, Avril, Bastard, Claude, David, Gervais (Charles), Giraud, Hanne, Iphigénie, Isaac, Jean-Louis jeune, Jérôme, Marie, Nicolas, Raddenais, Sarlat, Sébastien.

Ont voté pour :

MM. Bioche, Lavau, Jean - Romain, Gervais (Apollinaire), Émeran, Raiffer, Alléaume, Dubos, Souques, Rollin, Le Dentu, Duchassaing, Rougé, Déjean.

Le Conseil général a adopté les propositions de la Commission, savoir :

Réduction du nombre des immigrants a introduire en 1881 au chiffre de 1800;

Réduction de la subvention de la colonie pour l'immigration à la somme de 500,000 francs;

Suppression des décimes spéciaux pour l'immigration à l'exception de ceux à percevoir sur les droits à la sortie des sucres et des cafés;

Augmentation de la part des frais d'introduction des immigrants laissée à la charge des propriétaires.

EXTRAIT DU RAPPORT

DE LA

COMMISSION FINANCIÈRE SUR LES RECETTES PRÉSUMÉES

DE L'ANNÉE 1881

ART. 2. — DROITS PERÇUS SUR LIQUIDATIONS.

§ 1er. — Service des douanes.

« 1/10 net à prélever sur l'octroi pour frais de perception. 102,000 00

Droit de sortie sur les denrées coloniales.

« Sucres turbinés.	35,000,000k à 2f 50 les 100k.	875,000f 00
« Sucres bruts. .	13,500,000 à 2 00.	270,000 00
« Café	500,000 à 5 00.	25,000 00
« Tafia et rhum. .	2,600,000l à 2 00 les 100l.	52,000 00
« Coton	. . . .	»
« Cacao	200,000k à 2 00 les 100k.	4,000 00
« Roucou	400,000 à 1 25.	5,000 00
« Mélasse	500,000l à 1 00 les 100l.	5,000 00
	Total en principal	1,230,000 00
« Décimes additionnels		247,200 00
« Droits sur les excédants de poids.		110 00
« Centimes additionnels au profit de la chambre d'agriculture de la Grande-Terre, à percevoir sur les sucres de l'arrondissement		8,000 00
	« Total des prévisions du titre. . .	1,492,210 00

« La modification la plus sérieuse du budget des recettes se trouve dans ce titre II du premier paragraphe.

« Une proposition concernant la surtaxe sur le sucre turbiné à la sortie a été accueillie par le conseil et renvoyée à la commission financière. Elle est ainsi conçue :

« Je demande au conseil de vouloir bien inviter la commission « financière à examiner la question de la taxe différentielle sur les « sucres à la sortie, et à établir son projet de budget en se basant « sur la solution qu'elle y aura donnée.

« Signé G. LACASCADE. »

« La commission financière, avant de passer à l'examen de la question, a prié M. Lacascade de compléter sa proposition en indiquant la quotité différentielle qu'il voudrait appliquer. Par suite, a été formulée en ces termes une seconde demande, qui a été prise aussi en considération :

« Je demande au conseil général de décider que le droit de « sortie sur les sucres turbinés sera de 3 francs les 100 kilo-« grammes, décimes non compris.

« Signé G. LACASCADE. »

« La discussion ouverte sur ce point important, la majorité n'a pas tardé à admettre le principe d'équité qui domine toute la question, et qui veut que le sucre turbiné, ayant une valeur supérieure à celle du sucre brut, soit imposé en raison de cette plus-value. Il est, en effet, de l'essence même de la justice que l'impôt ait l'assiette la plus égale possible, et que le taux en soit déterminé relativement à la valeur de chaque denrée. Déjà, dans le siècle dernier, les administrateurs des îles d'Amérique étaient invités à se conformer à ces règles précisément pour la fixation du droit de sortie.

« La question d'équité résolue affirmativement, il ne s'agissait plus que de savoir si, au point de vue du droit, la taxe de sortie est un impôt direct reposant sur le revenu moyen de la terre et dont, à ce titre, la quotité ne doive pas varier pour un même produit — ou bien, si elle n'est qu'un impôt indirect, n'ayant en vue que la matière exportée, et que le conseil puisse, par conséquent, régler dans la mesure et suivant les distinctions qu'il juge convenables — de par le droit que l'article 1er du sénatus-consulte du 4 juillet 1866 lui confère de voter les taxes et contributions de toute nature nécessaires à l'acquittement des dépenses publiques.

« C'est cette dernière solution qui a prévalu à une majorité de cinq membres contre deux, par le motif que notre droit local de sortie ne revêt pas les caractères distinctifs des impôts directs.

« La taxe de 3 francs sur les sucres turbinés a été ensuite mise aux voix, mais repoussée comme étant trop élevée. La majorité de la commission a réclamé alors un amendement réduisant la surtaxe à 50 centimes, lequel a été voté également par cinq voix contre deux.

« Par crainte de n'en donner qu'un résumé incomplet, je m'abstiendrai de reproduire les divers arguments que les adversaires et les partisans de la surtaxe ont fournis chacun à l'appui de son opinion. La discussion générale, où ces arguments seront repris avec tous les développements utiles, achèvera d'éclairer le conseil pour le cas où il n'aurait pas une suffisante connaissance des débats qu'a déjà provoqués cette matière d'un si haut intérêt pour le budget. »

QUINZIÈME SÉANCE. — 12 JANVIER 1881.

Discussion au sujet d'une taxe différentielle à établir sur les sucres turbinés.

M. Lacascade, rapporteur. Je demanderai tout d'abord à M. Souques s'il a le désir de prendre la parole pour combattre les conclusions de la commission, car je parlerai non comme rapporteur, mais comme auteur de la proposition.

M. Souques. Je m'étonne de la question ; comment pourrais-je combattre une proposition qui n'a pas été développée ?

M. le Président. La commission a fait sienne la proposition en l'adoptant; il paraissait rationnel de donner d'abord la parole pour combattre les conclusions de la commission.

Mais l'incident est clos.

La parole est à M. Lacascade.

M. Lacascade. Messieurs, je l'ai dit, c'est comme conseiller général et non comme rapporteur des recettes de la commission financière que je prends la parole.

Auteur de la proposition que nous allons discuter, il est de mon devoir, en effet, de vous la développer d'une façon aussi saisissable que possible.

L'année dernière, j'ai traité cette question en m'appuyant seulement sur quelques considérations sommaires, exclusivement fondées sur l'équité. Je vous demande la permission de reproduire le passage où ces considérations étaient exposées :

« Pour justifier cette motion, je pars de ce principe incontestable que l'impôt doit être acquitté par chacun proportionnellement aux avantages qu'il en retire.

« En est-il de même pour l'industrie usinière, bien qu'elle n'ait pris naissance et qu'elle ne se soutienne qu'au prix de lourds sacrifices pour le budget local? C'est elle surtout qui a intérêt à l'immigration, et n'est-il pas vrai que cette immigration, qui nous coûtait en 1870, 250,000 francs, soit dotée aujourd'hui d'une subvention de 1 million? Les dépenses de curage des rivières, d'entretien de certaines routes dégradées par ses pesants charrois, sont encore autant de frais occasionnés par l'usine. Partout pour elle les faveurs. Ses machines acquittent seulement 3 pour 100 de leur valeur, et la houille qui alimente ses fourneaux ne paye pas au delà de 10 centimes les 100 kilogrammes. De plus, quand les vêtements grossiers du travailleur sont frappés de 6 pour 100, les sacs de jute, introduits pour l'exportation des poudres blanches, ne sont imposés que de 3 pour 100. Que l'on compare ces chiffres à ceux des taxes qui reposent sur les articles de consommation générale ! En retour, que donne l'usine, si ce n'est le droit de sortie sur la plus-value de fabrication qu'elle obtient chaque année par ses appareils perfectionnés, soit, au maximum 10,000,000 de kilogrammes de sucre se traduisant en une recette de 200,000 francs en principal ?

« Si l'on veut, au contraire, répartir les charges dans une proportion équitable, il faut tenir compte, pour la fixation du droit, de la valeur respective du sucre brut et du sucre turbiné. Or, sachant par expérience que sur les marchés d'Europe le prix moyen de la bonne quatrième est de 48 francs les 100 kilogrammes et la cote moyenne du sucre turbiné n° 3 à 88°, de 68 francs, le fret restant le même, c'est-à-dire 8 francs à déduire par 100 kilogrammes, nous devons dire :

« 100 kilogrammes sucre brut, valeur 40 francs, payant 2 francs droit fixe,

« 100 kilogrammes sucre turbiné, valeur 60 francs, payeront $2 \times 60 : 40 = 3$ francs droit fixe,

« Loin de là, que ressort-il du droit uniforme qui frappe aujourd'hui l'un et l'autre produit ? Il en ressort, messieurs, cette conséquence incroyable que le sucre turbiné est imposé dans la proportion de 3 fr. 33 cent. pour 100 et le sucre brut de 5 francs pour 100. »

Je crois donc avoir suffisamment démontré que le principe d'équité exige que vous votiez une taxe différentielle pour les sucres à la sortie, et que cette taxe doit être de 3 francs les 100 kilogrammes pour les sucres turbinés, celle du sucre brut étant de 2 francs ; car, malgré les contradictions plutôt imaginaires que réelles qu'on a opposées à ma démonstration, on n'a combattu mes propositions que pour mieux les justifier.

Ici, Messieurs, je crois devoir vous dire que si à la commission financière j'ai consenti à réduire de 50 cent. la surtaxe d'un franc que j'avais demandée, ç'a été dans le seul but de donner satisfaction à deux membres de la majorité.

Il me reste maintenant à vous démontrer que dans cette question le droit se rencontre avec l'équité.

Si j'avais ajourné cette seconde démonstration, c'est que j'étais convaincu que mes contradicteurs eux-mêmes me fourniraient des arguments. Je ne me suis pas trompé.

Je ne ferai qu'effleurer cette première question posée par M. Souques, l'année dernière : « Où serait l'équité dans une perception qui, de tous les produits du sol, café, vanille, coton, roucou, plantes alimentaires, etc., atteindrait uniquement le sucre fabriqué dans les usines ? » L'équité, elle consisterait à ne pas faire deux catégories de producteurs de sucre : l'une qui paye, l'autre qui ne paye pas; l'équité, elle consisterait encore à porter au droit de consommation ce que le sucre turbiné consommé dans la colonie enlève à l'octroi; l'équité enfin, nous l'établirons en faisant disparaître cette singularité que par le fait de la consommation du sucre turbiné dans la colonie, les usiniers reçoivent de leurs adhérents des droits de sortie qu'ils ne restituent pas au trésor, et cela, je tiens à le dire encore, se passe légalement, puisque les contrats ne le prévoient ni ne l'interdisent. Je reviendrai sur cette question à son heure.

Il ne s'agit plus que de savoir si le droit veut que le sucre turbiné paye plus que le sucre brut.

Pour le prouver, il me suffira de détruire la fausse théorie émise l'année dernière et d'établir la vraie. M. Souques nous a dit alors : « Le droit de sortie est un impôt foncier, et vous n'avez pas le droit de toucher à l'impôt foncier, qui est une contribution directe. »

Voulant faire l'historique de ce droit de sortie, mon contradicteur ne remonte pas au delà d'une ordonnance du 29 juillet 1763 empruntée à la législation de la Martinique. Que dit cette ordonnance? « Nous avons considéré que les nègres de culture ne sont point un signe certain du produit des habitations auxquelles ils sont attachés..... Nous avons considéré qu'une imposition qui, étant toujours la même, ne serait répartie que par tête de nègre seulement, serait contraire à l'intérêt particulier de la colonie et du commerce, à celui de l'Etat en général, et aux vues du roi; que, par conséquent, il fallait, parmi les différentes formes d'imposition, donner la préférence à celle qui se trouverait toujours proportionnée aux revenus de chaque particulier. »

Après avoir lu ces considérants, mon contradicteur s'écriait : « Le législateur va donc créer une autre forme d'imposition qui remplacera bien le droit de capitation par une contribution purement foncière. »

Ici, Messieurs, vous rétablirez avec moi le sens vrai de cette ordonnance, et vous direz : « Le législateur, considérant que la capitation est un mode d'imposition vicieux, va donc créer, pour la campagne seulement, une autre forme d'imposition qui remplacera ce droit de capitation; cela, en vue des besoins du trésor et d'une répartition plus égale de l'impôt, et cette nouvelle imposition sera le droit de sortie, contribution purement indirecte. »

En effet, l'article 4 de cette ordonnance nous le démontre surabondamment.

« Art. 4. Au moyen de ces impositions qui auront lieu jusqu'au 1er janvier de l'année suivante seulement, en vertu de la présente ordonnance, les habitants sucriers seront déchargés de toute imposition pour leurs nègres pendant la présente année. »

Vous l'avez bien saisi, Messieurs, « de *toute imposition pour leurs nègres*, » impôt de capitation des nègres de campagne seulement remplacé par le droit de sortie. Quoi donc de moins foncier, puisque la capitation frappait aussi bien les nègres des villes et bourgs que ceux des campagnes? ce qui n'empêchait pas les habitants des villes et bourgs de payer, en outre, l'impôt des maisons et la patente, impôts directs l'un et l'autre.

C'est là, si vous le voulez, l'origine du droit de sortie, car il était recommandé à nos administrateurs d'alors, les sieurs de Bouillé et de Tascher, « de s'attacher principalement à fixer l'assiette la plus égale sur les denrées à la sortie, et à déterminer la proportion la plus exacte *relativement à la valeur de ces denrées*. » (*Mémoires du roi du 7 mars 1777.*)

Mais mon contradicteur a signalé aussi l'ordonnance du 28 mars 1810, de sir Georges Beckwith, alors gouverneur anglais. J'en suis fort aise, car c'est, on peut le dire, le véritable point de départ de notre législation actuelle.

Voici le texte exact de l'ordonnance :

« L'administration française ayant épuisé toutes les ressources présentes de la colonie, nous nous sommes empressés d'*établir*, par un règlement provisoire, certains droits sur les denrées à leur sortie, afin de préparer quelques ressources pour le maintien du gouvernement intérieur de la colonie..... Convaincu d'ailleurs que la capitation sur les campagnes est un mode d'imposition vicieux,...... et voulant centraliser l'impôt des campagnes sur la denrée, avons établi.....

« Art. 7. Il sera prélevé un droit de sortie de 27 livres sur chaque barrique de sucre terré ; 18 livres sur chaque barrique de sucre brut. »

Vous remarquerez, Messieurs, que ce rapport de 27 à 18 francs se ramène exactement aux 50 pour 100 en sus que je proposais pour le sucre turbiné.

On a cité encore le décret colonial du 21 janvier 1841 sur l'assiette et la perception des impositions. Ce décret porte :

« Art. 2. *Droit fixe en remplacement de la capitation des noirs de grande culture.*

« Art. 6. Le droit de capitation sur les esclaves des sucreries se percevra au moyen d'un prélèvement sur les sucres, sirops, rhums et tafias, au moment de leur exportation. »

Vous le voyez, Messieurs, les citations mêmes de mon contradicteur sont à l'avantage de ma thèse.

« Droit fixe en remplacement de la capitation de noirs de grande culture.

« Sucre terré, pour 100 kilogrammes. . . . 2 60
« Sucre brut, pour 180 kilogrammes. . . . 2 00

(*Arrêté du* 21 *janvier* 1841.)

L'écart a diminué, mais le principe reste toujours le même. Mais on vous dira que cette différence avait sa raison d'être, parce que dans une même quantité de cannes on obtenait plus de sucre brut que de sucre terré, et qu'avec l'usine c'est le contraire. — Non, Messieurs, et rappelons-nous plutôt que le législateur par cette disposition entendait taxer, non pas le rendement moyen de la terre, mais des denrées d'exportation relativement à leur valeur réelle.

Le législateur de 1848, dites-vous, amené à régler les impôts de la colonie pour l'année 1849, prend un arrêté par lequel le droit de sortie est maintenu comme impôt foncier? Ce fait est inexact. — L'arrêté du 18 novembre 1848, qui n'est qu'un arrêté de taxes pour l'année 1849, établit sous le titre de *Contributions directes* et non *foncières*, le droit à la sortie sur les sucres; mais il ne faut pas perdre de vue que le gouverneur de cette époque, alors investi de la plénitude des pouvoirs de l'ancien conseil colonial, comprit tous les sucres, sans distinction, dans la nomenclature des denrées d'exportation soumises au droit de sortie. C'est ainsi que les usines centrales établies dans la colonie depuis 1843 et qui étaient purement industrielles, puisqu'elles ne fabriquaient que les cannes d'autrui, se trouvaient, par ce fait, aussi bien frappées dans leur industrie que les producteurs de cannes.

Mais nous n'avons pas besoin, Messieurs, de nous arrêter à tous les raisonnements plus ou moins spécieux innés chez notre contradicteur; si nous avions assez de loisir pour le suivre jusqu'au bout, il nous serait tout aussi facile d'ailleurs de défaire ce petit tissu, très bien brodé du reste, à l'aide duquel il veut parer sa « taxe représentative de l'impôt foncier ». Demandons-lui plutôt quelle a été l'issue du procès qu'il intenta à la colonie en 1874.

En 1874, Messieurs, le gérant de l'usine d'Arboussier réclama de la colonie le remboursement d'une somme de 128,080 fr. 52 cent. de droits de sortie « ayant indûment grevé une quantité purement manufacturière de 6,005,070 kilogrammes de sucre, depuis et y compris l'année 1869, jusqu'au 31 décembre 1873. »

L'administration, le conseil privé repoussèrent cette réclamation que l'usinier porta alors devant le conseil d'Etat. Les suites n'en furent sans doute pas conformes aux conclusions du demandeur, car il n'a plus été question, que je sache, ni des 128,080 fr. 52 cent. à rembourser par la colonie, ni d'aucune instance devant les tribunaux ordinaires auxquels le conseil d'Etat avait renvoyé le jugement de l'affaire.

Au surplus, la question, telle que le gérant de l'usine d'Arboussier l'a présentée, avait été résolue contre toutes les usines depuis l'année 1872 dans la colonie de la Martinique.

Le conseil général de la Martinique, dans sa session ordinaire de 1871, avait décidé que le droit de sortie des sucres d'usine serait, à l'avenir, calculé d'après la valeur réelle de ce produit, et non plus sur celle du sucre bonne quatrième, comme cela avait lieu jusqu'alors. Il s'en suivit un procès, et tant dans la presse qu'au barreau, on vit l'usine soutenir, comme ici, qu'il s'agissait, dans l'espèce, d'un impôt direct reposant sur le revenu moyen de la terre, revenu représenté par la part de l'habitant dans la production sucrière, et qui, par conséquent, ne pouvait se confondre avec la plus-value donnée par les appareils perfectionnés de la fabrication usinière.

A cette thèse, les tribunaux répondirent d'abord par un jugement, puis par un arrêt, en établissant que :

1° L'impôt direct revêt des formes particulières; qu'il résulte spécialement de l'inscription nominative des contribuables sur des rôles rendus exécutoires, et que le droit de sortie n'offrant aucun de ces caractères ne peut être assimilé à l'impôt foncier qui est un impôt direct;

2° Les conseils généraux, aux termes du sénatus-consulte du 4 juillet 1866, réglant les tarifs des taxes nécessaires à l'acquittement des dépenses publiques, ont incontestablement le droit d'imposer les sucres du cru dans la mesure et suivant les distinctions qu'ils jugent convenables.

Les usines de la Martinique, Messieurs, se le sont tenu pour dit et n'en ont point appelé.

Le conseil peut donc voter ma proposition en toute sûreté de conscience et avec la certitude que sa décision restera inattaquable.

Avant de terminer, permettez-moi de vous dire, Messieurs, que le conseil général de 1868 ne s'est nullement laissé ramener par M. Souques, comme par erreur il nous l'a dit l'année dernière. Que ce soit pour lui, s'il le veut, un résultat glorieux, peu nous importe; ce qu'il y a de certain c'est que le conseil général de 1868 n'a fait qu'ajourner la question, et cela, sur la prière de M. Ernest Souques lui-même.

« Je supplie le conseil, a-t-il dit, d'attendre que la prospérité soit rétablie, que la banque soit définitivement sortie de ses embarras, et qu'enfin le pays soit entré dans la voie du progrès et de la fortune pour demander à l'industrie sucrière perfectionnée des droits plus élevés. »

Eh bien! Messieurs, je vous le demande, à vous, les élus de la démocratie, les élus de ce qu'on appelle à juste titre le peuple; à vous, industriels, qui devez être dégagés de tout intérêt personnel, en entrant dans cette enceinte; je vous le demande, ce moment n'est-il pas venu?

Mettez en parallèle le budget de l'usine et celui de la colonie, et répondez. Il est de votre devoir, Messieurs, de voter la surtaxe sur le sucre turbiné, vous ferez *votre devoir.*

SEIZIÈME SÉANCE. — 12 JANVIER 1881.

Continuation de la discussion sur la surtaxe des sucres turbinés.

M. le Président. Nous allons reprendre la discussion sur la surtaxe des sucres turbinés.

M. Dubos a la parole.

M. Dubos. Messieurs, votre commission vous demande de frapper d'une surtaxe de 50 centimes par 100 kilogrammes tous les sucres turbinés à exporter de la colonie.

Cette surtaxe ajoutée à la taxe actuelle de 2 francs, et augmentée des décimes à percevoir pour compte de la caisse d'immigration et des communes, porterait à 3 fr. 65 cent. pour 100 kilogrammes de sucre, le droit à la sortie.

Vous n'ignorez pas que les sucres coloniaux ont déjà, en ce moment, à supporter des frais considérables qui ne s'élèvent pas à moins de 10 francs pour 100 kilogrammes, pour arriver sur des marchés où ils rencontrent des prix faits qu'ils ne peuvent influencer en quoi que ce soit.

Si vous ajoutez cette nouvelle charge à toutes les autres, peut-être sera-t-il possible à quelques-unes de nos grandes usines de les supporter et d'attendre des temps meilleurs; mais, bien certainement, vous verriez disparaître plus d'une de nos fabriques de second ordre.

Il appartient à des collègues plus compétents, plus autorisés, de vous présenter cette question importante sous toutes ses faces.

Pour moi, je me bornerai à vous rappeler au prix de quels efforts de simples habitants, pour échapper à la ruine qui les menaçait, sont parvenus progressivement à élever des fabriques d'une certaine importance, au grand profit de la caisse coloniale.

Après avoir exposé la situation qui résulterait pour ces fabriques, de l'application de la surtaxe, je veux vous demander comment il vous serait possible de frapper d'un impôt essentiellement industriel des établissements qui n'ont jamais cessé d'être agricoles.

Evidemment, cette surtaxe doit enrayer tout développement, tout progrès aussi bien de l'agriculture que de l'industrie.

Il y a quelques années à peine, nos producteurs de sucre, liés par le pacte colonial, ne pouvaient écouler leurs produits que sur les marchés de la métropole.

Les raffineurs, tout puissants alors auprès du gouvernement, les condamnaient à ne jamais dépasser, pour la qualité de leurs sucres, le type de la bonne quatrième, et, chaque fois qu'ils se sont permis de réaliser le moindre progrès, un coup de surtaxe vivement appliqué les a rappelés à la réalité de leur situation.

Il n'a fallu rien moins que la volonté d'un gouvernement autoritaire et tout-puissant pour délivrer la colonie de l'asservissement qu'elle subissait depuis tant d'années.

Et voici qu'aujourd'hui, sous l'égide d'un gouvernement de liberté et de progrès, on vient vous demander de rétrograder de vingt ans et d'aller ramasser l'arme tombée des mains des ennemis d'autrefois, pour venir écraser, sous un prétexte spécieux, une industrie qui honore et enrichit le pays tout entier.

Sans doute, le droit perçu en ce moment sur les sucres est, relativement à la valeur du produit imposé, encore plus lourd pour le sucre brut que pour le sucre blanc. Ce droit est même parfaitement ruineux pour le premier de ces produits.

Aussi pouvait-il sembler rationnel et équitable de réduire du sixième, soit de 30 centimes environ le droit de 2 francs perçu sur le sucre d'habitant, afin d'établir une proportionnalité apparente avec la valeur des deux produits.

Mais une pensée aussi naturelle, aussi sage, n'a pu venir à l'esprit de l'auteur de la proposition qui vous est soumise.

Ce qu'il semble avoir recherché, c'est ce que les raffineurs savaient si bien obtenir : l'[illegible]ment de toute idée de progrès dans l'industrie coloniale, au moyen d'un impôt écrasant qui enlève aux producteurs trop [illegible] toute la juste rémunération de leurs efforts et de leurs dépenses.

Si une telle mesure était acceptée par vous, Messieurs, tout d'abord la caisse coloniale profiterait sans doute d'une augmentation de recettes; mais bientôt après, par suite de la fermeture de toutes les petites fabriques et du fonctionnement incessant de la garantie coloniale envers le Crédit foncier, la réduction de la production occasionnerait dans le budget un déficit qui dévoilerait un peu tard la gravité d'une faute irréparable, dont toute la responsabilité pèserait sur vous seuls.

C'est en 1860 que prit réellement naissance la transformation industrielle à la Guadeloupe.

A la vue d'un échantillon de poudre blanche obtenue au moyen de la double carbonatation, et que lui présentait un grand industriel de Paris, l'empereur Napoléon III prit la détermination de briser la résistance des raffineurs, afin de laisser arriver à la portée des consommateurs ce produit aussi pur que le sucre raffiné.

Pour faire entrer aussi les colonies dans la voie de progrès qui était suivie si brillamment, depuis quelques années, par l'industrie de la betterave, un appel fut fait aux capitaux de la métropole, et bientôt, sous l'impulsion libérale du ministre de la marine, la société du Crédit colonial se constitua à Paris le 24 octobre de la même année.

Son but fut de fournir aux habitants des capitaux, spécialement pour former, en participation entre eux, de grands centres de fabrication.

Elle devait aussi au besoin aider à l'amélioration de l'ancien outillage.

Lorsque la société voulut commencer ses opérations dans la colonie, elle trouva les propriétés en général tellement obérées, que sur aucun point il ne fut possible d'en réunir un nombre suffisant, toutes assez libres d'hypothèques pour permettre d'emprunter, en les engageant, la somme nécessaire à la construction d'une usine centrale.

Déjà, dans la commune du Moule, M. Duchassaing, devançant de deux années le mouvement général, avait entrepris celle qui porte aujourd'hui son nom. Quant aux quatre fabriques créées en 1843 par la compagnie des Antilles, et dont le chiffre d'exportation ne s'élevait qu'à trois ou quatre mille barriques de sucre, elles devaient bientôt remplacer leurs appareils, impuissants pour la plupart, par tout le matériel adopté pour la grande industrie.

Trois habitants seulement eurent assez de ressources pour entreprendre la construction de grandes usines; ils empruntèrent du Crédit colonial des sommes plus ou moins importantes : les usines Beauport, Clugny et Trianon prirent naissance.

Un grand nombre de propriétaires, dans l'impossibilité de se procurer les appareils nouveaux, se contentèrent d'établir de petites fabriques bâtardes, dites bourbonniennes.

Ce fut une erreur industrielle des plus graves que la plupart d'entre eux payèrent de la perte de leur fortune.

Vingt établissements de cette nature furent créés en peu de temps. Sur ce nombre, huit ont pu graduellement remplacer l'outillage défectueux et impuissant par les appareils de la grande industrie, et aujourd'hui ils ne produisent pas moins de 17 à 18,000 barriques de sucres.

Deux seulement sont restés à peu près comme ils étaient, et font ensemble un millier de barriques.

Trois sont retournés au système du Père Labat.

Les sept derniers ont disparu complètement.

Un tel résultat, messieurs, demande à être sérieusement médité par vous. Tout d'abord, il montre qu'il ne suffit pas à un producteur de faire tourner des appareils centrifuges, et de sécher son sucre pour réaliser de grands profits et pouvoir payer de gros droits, puisque ces vingt fabriques, dont deux seulement ont pu être conservées, étaient toutes munies de turbines qui n'ont pu les sauver de la ruine.

Comme vous le savez, messieurs, et quoi que puisse dire notre collègue Lacascade, la taxe sur les sucres représente l'impôt foncier des habitations.

Elle a remplacé l'ancien droit de capitation.

Cette modification, qui fut faite sur la réclamation des anciens habitants, donna sans doute satisfaction à tous les intérêts, même à ceux du trésor, en facilitant le recouvrement de l'impôt à une époque où la barrique de sucre, produite par les bras esclaves, n'occasionnait qu'une dépense insignifiante, et toujours laissait au moins 200 francs net entre les mains du producteur.

Le droit de 10 francs perçu sur la barrique de sucre était bien ainsi le représentatif de l'impôt foncier fixé à 5 pour 100 du revenu net des propriétés.

Lorsqu'à la suite de l'émancipation des esclaves, il ne fut plus possible aux planteurs d'obtenir la barrique de sucre qu'au moyen d'une dépense souvent supérieure à sa valeur, la taxe payée à la sortie cessa d'être rationnelle.

Cette base d'impôt si précieuse jusqu'alors, devient économiquement fausse.

En effet, le droit fixe perçu sur chaque barrique de sucre, quelle que soit la somme dépensée pour la produire, représente assez aujourd'hui un impôt progressif à rebours, car le planteur qui, comme il en existe fort heureusement quelques-uns, par sa sage et intelligente administration ou pour toute autre cause, gagne 70 francs par barrique de sucre ou par livraison de 8,333 kilogrammes de cannes à l'usine, paye 10 francs en principal sur son revenu net, comme son voisin dont le bénéfice ne s'élève pas à plus de 1 franc par barrique.

Au premier, le fisc prend, en principal seulement, 14 pour 100; au second, 1,000 pour 100 de revenu; avec les centimes additionnels, c'est 20 pour 100 au premier, 1,410 pour 100 au second, autrement dit quatorze fois son revenu net.

Quant aux malheureux qui produisent à perte, ils ne sont évidemment, comme on vous l'a dit, que des bêtes de somme condamnées à périr à la peine après une courte existence.

Il est facile de reconnaître par ces chiffres, que l'impôt perçu sur cette base est plus qu'exagéré pour ceux qui réalisent les plus beaux profits, et est inqualifiable pour ceux qui ne font que peu de net ou qui produisent à perte.

Les centimes additionnels greffés à divers titres sur le principal, ne peuvent qu'augmenter le mal.

A quel résultat arriveriez-vous donc, messieurs, si vous consentiez à laisser porter à 3 fr. 65 cent. par 100 kilogrammes, la taxe qui ne s'élève, au plus, en ce moment, qu'à 2 fr. 92 cent.?

Sans doute, l'augmentation proposée ne vise que les sucres turbinés ; mais l'anomalie que je viens de vous signaler se représente pour tous les produits exportés : le producteur qui a réalisé le moins de profit est toujours celui qui paye relativement le plus.

A quel titre pourriez-vous donc établir une surtaxe de cette nature?

Il peut se faire que les auteurs de la proposition aient pensé que la présence d'un seul appareil centrifuge dans une sucrerie suffit pour faire de cet établissement une usine, une fabrique industrielle. Dans ce cas, ils auraient bien eu la pensée de créer un impôt industriel.

Il n'est pas possible, messieurs, que vous admettiez cette prétention aussi contraire à la raison qu'à tous les principes du droit et de la justice.

Permettez-moi de vous présenter quelques chiffres très exacts.

Un propriétaire a dépensé 7 à 800,000 francs empruntés le plus souvent à des établissements de crédit, afin de se procurer des moyens de fabrication qui lui permettent de supporter la concurrence des sucres étrangers.

L'intérêt et l'amortissement de ce gros capital ne lui permettent plus de s'en tenir à son ancien chiffre de production, et, condamné qu'il est à ne réaliser qu'un faible profit sur chaque barrique de sucre, il s'efforce d'en faire le plus possible en remettant en culture toutes les terres abandonnées autour de lui.

Il arrive graduellement à produire 15,000,000 de kilogrammes de cannes qui lui donnent 3,000 barriques ou 1,500,000 kilogrammes de sucre.

S'il a ainsi décuplé sa production, par ce seul fait il paye au trésor dix fois ce qu'il payait auparavant, tandis que son profit est loin de s'être décuplé, ne serait-ce qu'à cause du prix du sucre qui n'a cessé d'être en baisse jusqu'ici.

Non seulement vous ne pouvez pas appliquer équitablement à ce propriétaire une surtaxe à titre industriel, mais encore, vous devez reconnaître que c'est à tort que la taxe de 2 fr. par 100 kilogrammes a été perçue jusqu'ici sur l'excédant de rendement dû à la puissance de son matériel ; que c'est à tort surtout que la patente industrielle lui a été appliquée, puisque son établissement n'a jamais cessé d'être agricole, et qu'un seul impôt, l'impôt foncier, peut lui être demandé,

Calculez donc les charges qui pèsent en ce moment, par exemple, sur une fabrique de cette importance, qui écrase

15,000,000 de kilogrammes de cannes, obtient un rendement moyen de 10 pour 1000 de ces cannes, et réalise un excédant de recettes sur les dépenses, ou bénéfice de fabrication, égal à 180,000 francs, dans une bonne année, à 80,000 francs dans une mauvaise, soit en moyenne, 130,000 francs.

Je n'ai pas besoin de vous dire que ce résultat est fort beau et tout à fait exceptionnel; c'est 16 à 18 pour 100 du capital engagé.

Il faut acquitter sur ces 130,000 francs :

1° Le droit, décimes compris, de 2 fr. 92 cent. pour 100 kilogrammes sur 900,000 kilogrammes de sucre, quantité équivalente au rendement de l'ancien outillage du Père Labat, soit 6 pour 100 . . . . 26,280 00

2° Le même droit sur 600,000 kilogrammes de sucre, quantité équivalente à son excédant de rendement, soit 4 pour 100 . . . . 17,520 00

Total. 43,800 00

Ainsi, outre les 26,280 francs qui forment 20 pour 100 du revenu net et sont payés à titre d'impôt foncier, le trésor perçoit encore une somme de 17,520 francs, ou 13 1/2 pour 100 de ce même revenu, ce qui porte l'ensemble de la contribution à 33 1/2 pour 100 du revenu net (43,800 fr. pour 130,000 fr.) sans préjudice de la patente industrielle.

Lorsque des cannes travaillées par une fabrique de même importance sont achetées au lieu d'être cultivées pour son compte, la situation de l'industriel reste à peu près la même.

Il retient, il est vrai, à ses vendeurs de cannes les 26,285 fr. qui représentent leur impôt foncier, et ce n'est que pour leur compte, qu'il verse cette somme au trésor.

Mais, par le motif même que ne possédant aucune propriété agricole, il ne saurait être assujetti à un impôt foncier, il demeure évident que la somme de 17,520 francs qui est perçue sur son excédant de rendement et qui ne représente pas moins de 13 1/2 pour 100 de son revenu net (130,000 francs) est absolument un impôt industriel ajouté à la patente qu'il paye déjà.

L'exploitation des habitations pour le compte des usines donne en général autant de perte que de gain. Tout le monde comprend aujourd'hui, comme M. le directeur de l'intérieur le disait hier, que l'on ne peut plus songer à cultiver une habitation pour faire fortune, et qu'on doit se contenter, comme en France, de tirer un intérêt de 2 ou 3 pour 100 du prix de la terre.

C'est pour ce motif qu'un revenu net de 150,000 francs peut être adopté, aussi bien pour la fabrique qui travaille 15 millions de kilogrammes de cannes produits à son compte, que pour celle qui achète, de divers planteurs, la même quantité de cannes dont elle a besoin.

Aussi, la fabrique industrielle, comme la fabrique agricole, payent en ce moment des impôts si élevés, relativement à leur revenu, qu'il n'est pas possible d'augmenter leurs charges.

Et voyez donc, Messieurs, à quoi vous condamneriez ces producteurs, si vous leur appliquiez encore la surtaxe de 50 centimes pour 100 kilogrammes de sucre.

Ajoutée à la taxe actuelle qui est de 2 francs, elle porterait le droit de sortie, décimes compris, à 3 fr. 65 cent.

Celui qui fait de l'industrie aurait à payer, en conséquence, pour sa part :

1° Les droits sur l'excédant de son rendement, soit pour 600,000 kilogrammes, à raison de 3 fr. 65 cent. pour 100 kilogrammes	21,900 00
2° La surtaxe sur les produits dont ses planteurs auraient déjà acquitté la taxe, 900,000 kilogrammes à 73 centimes	6,570 00
3° Sa patente industrielle	1,500 00
Total	29,970 00

Cette somme énorme, perçue uniquement à titre d'impôt industriel, représenterait :

23.6 pour 100 du revenu net évalué à 130,000 francs ;

3.99 pour 100 du produit brut montant à 750,000 francs pour 3,000 barriques de sucre à 250 francs l'une.

Quant à celui qui, n'achetant pas de cannes, ne fait pas d'industrie, il n'aurait pas à payer moins de 54,750 francs sur 1,500,000 kilogrammes de sucre au droit de 3 fr. 65 cent. par 100 kilogrammes, je puis dire 56,000 francs, avec la patente qui le frappe !

Cela ferait : 43 pour 100 de son revenu net,
7 1/3 pour 100 de son revenu brut.

Ce serait un capital énorme enlevé de son industrie, car les 56,000 francs, s'il pouvait en disposer en faveur du Crédit foncier, par exemple, au lieu de les voir annuellement prélever par le fisc, suffiraient à servir l'intérêt et l'amortissement, en trente années, d'une somme de 560,000 francs dont par le fait il serait privé ; cette somme est à peu près égale à la valeur de sa fabrique.

Après avoir payé 56,000 francs sur le produit net de fabrication (130,000 francs) il ne lui resterait que 74,000 francs pour faire face à l'usure de son matériel, à l'intérêt de son capital et à la rémunération de ses peines et de son travail.

Ces chiffres sont éloquents, Messieurs !

Le but que vous devez rechercher, c'est d'imposer chacun autant que possible, non pas selon la valeur du produit brut qu'il obtient de son industrie, de son commerce, de sa profession, mais bien proportionnellement au profit réel, autrement dit, au bénéfice net qui lui reste en main, après qu'il a retranché du produit brut toutes les dépenses faites pour l'obtenir, comme cela se pratique en France.

Si, peu soucieux de cette assimilation que vous demandez néanmoins de toutes vos forces, et laissant de côté cette base de l'impôt qui devrait seule être suivie, vous consentez à frapper toutes les fabriques de sucre, au lieu d'une patente industrielle, qui semble à quelques-uns une arme impuissante, d'un droit prohibitif sur les produits turbinés, représentant 43 pour 100 de leur produit net et 7 1/3 pour 100 de tous leurs produits bruts, il vous faudrait, pour rester fidèles aux principes d'équité et d'égalité que vous vous flattez de défendre, frapper également d'une taxe de 7 1/3 pour 100 le montant de toutes les ventes de marchandises effectuées par les négociants, les marchands et les boutiquiers, ainsi que le total des devis de tous les travaux exécutés par les entrepreneurs et la somme des honoraires perçus par ceux qui exercent une profession, afin de remplacer, pour tous également, la faible patente demandée jusqu'ici.

Serait-il possible de rien trouver de plus impraticable, de plus déraisonnable, qu'une semblable mesure?

C'est pourtant la même que l'on entend vous faire appliquer aux fabriques de sucre !

Ce qui rend une taxe beaucoup plus écrasante, lorsqu'elle frappe nos denrées d'exportation, que lorsqu'elle est prélevée sur le tafia ou sur les marchandises d'importation consommées dans le pays, c'est que le vendeur peut toujours, ici, ajouter, comme on vous l'a dit, la taxe à sa facture. Au besoin, l'entrepreneur saurait l'ajouter à son devis, l'homme de profession à ses honoraires.

Le sucre, au contraire, en arrivant sur des marchés éloignés, doit accepter le prix du cours, quel qu'il soit, et la taxe qu'il lui a fallu payer et qu'il doit prélever sur ce prix, reste absolument à la charge du producteur qui subit ainsi la loi de l'acheteur, au lieu de la lui imposer.

Quelques-uns d'entre vous, Messieurs, pensent que la surtaxe sur les sucres turbinés peut être considérée comme un impôt exceptionnel, *sui generis*, qui ira chercher l'argent dont vous avez besoin là où il existe des produits de grande valeur.

Ce n'est pas tout, croyez-le bien, que de prendre l'argent où on le voit : faut-il encore, si l'on est sage, en laisser assez, afin qu'il puisse se produire et pour que l'on en trouve aussi le lendemain.

Non, Messieurs, vous ne prêterez pas votre concours à un acte semblable qui aurait toutes les apparences d'une réquisition forcée opérée sur ceux qui possèdent ou paraissent posséder.

Vous ne direz pas : « Il nous faut de l'argent, prenons-le où il n'y a qu'à étendre la main pour le saisir. » Il est plus raisonnable de limiter les dépenses du budget aux ressources que vous pouvez recueillir par des moyens ordinaires.

Puisque l'ennemi n'est pas précisément à nos portes, prenons le temps nécessaire pour rechercher des éléments d'impôt, moins apparents peut-être que la barrique de sucre déjà beaucoup trop surchargée, mais assez importants néanmoins par leur multiplicité pour produire les sommes qui vous seront indispensables.

Cette surtaxe que l'on ne sait comment désigner est bien la même que les raffineurs savaient si bien utiliser autrefois pour étouffer tout esprit de progrès dans les colonies.

Eh bien, Messieurs, vous qui poursuivez ardemment l'assimilation de la colonie avec la métropole, vous ne vous donnerez pas le démenti de détruire par l'adoption d'une semblable mesure, cette même assimilation sur le seul point peut-être où elle n'a jamais cessé d'exister.

Non, vous qui vous prétendez les seuls représentants de la liberté et du progrès, vous n'assumerez pas l'odieux d'écraser, de proscrire la liberté et le progrès dans l'agriculture et l'industrie du pays.

Si ce progrès a été accompli par d'autres que vous, s'il profite à des hommes qui, à cause de leurs succès plus ou moins réels, ne manquent pas d'ennemis, vous ne vous joindrez pas à ces ennemis. Vous saurez résister à tout entraînement irréfléchi, à toute excitation passionnée.

Vous n'oublierez pas que les usines assurent la prospérité du pays et que de leur ruine, même de leur amoindrissement, peuvent résulter les plus graves embarras pour tous ceux que vous représentez.

M. Souques. Messieurs, vous venez d'entendre la proposition qui vous a été faite d'établir une surtaxe sur les sucres d'usine.

C'est la cinquième fois, en onze ans, que cette question se présente devant le conseil général. Elle a été écartée jusqu'ici, à une très forte majorité. J'ignore quel est le sort que vous lui réservez; mais il est indispensable, en tout état, que je fournisse au conseil d'abord, au ministre de la marine et au président de la République ensuite, tous les éclaircissements que mérite cette question, afin que vous puissiez délibérer en pleine connaissance de cause, et qu'à son tour le pouvoir à qui il appartient de statuer définitivement puisse le faire en toute justice.

Vous savez, messieurs, que dans l'espèce, le conseil général ne peut que délibérer et non statuer.

Il appartient au chef de l'État seul, sur le rapport de son ministre de la marine et des colonies, de rendre une décision définitive.

Le sénatus-consulte du 4 juillet 1866 n'accorde pas en effet aux conseils généraux des colonies le droit de statuer sur un changement d'assiette de l'impôt, et la proposition qui vous est soumise tend à faire, d'un impôt sur le poids d'une marchandise, un impôt sur la qualité.

Jusqu'ici le droit à la sortie sur les sucres était perçu sur le poids de ce sucre, et l'on vous propose de créer aujourd'hui un droit différentiel entre le sucre d'habitant et le sucre d'usine. Par conséquent ce n'est pas le poids qui serait l'assiette mais la qualité.

Je ne crois qu'il puisse y avoir de discussion à cet égard, c'est une modification de l'assiette de l'impôt qui vous est proposée.

Qu'est-ce donc, messieurs, que ce droit à la sortie sur les sucres fabriqués dans notre colonie?

La plupart des membres de notre nouveau conseil, siégeant pour la première fois, peuvent ne pas être au courant de la question. Je vais donc en faire l'historique, ce qui m'entraînera dans les développements qu'elle nécessite à tous les points de vue.

Dès l'origine des colonies, les premières taxes qui aient été perçues ont consisté dans le *droit de poids* et le *droit de capitation* au profit des compagnies concessionnaires des îles. Elles furent conservées, après l'abolition de ces compagnies, au profit du roi; il en fit plus tard l'abandon aux colonies pour le payement de leurs dépenses.

Le *droit de poids* qui exista jusqu'à la fin du dix-huitième siècle, concurremment avec la capitation, est une taxe *ad valorem* levée sur toutes les marchandises importées dans les îles d'Amérique et aussi sur toutes les denrées exportées de ces mêmes colonies.

Il faut bien se garder d'établir la moindre analogie entre cet impôt et les droits à la sortie dont nous ferons l'historique.

Frappant à la fois l'importation et l'exportation, perçu à certaines époques concurremment avec le droit à la sortie, et sans se confondre avec ce dernier, le *droit de poids* n'est autre chose qu'une redevance sur le *commerce des îles*.

La *capitation* réglementée par une déclaration du roi, du 3 novembre 1730, est une taxe qui frappait indistinctement, sauf certaines exemptions spéciales, sur tous les individus libres ou esclaves qui habitaient les îles.

« Le droit de capitation, porte l'article 1er de cette déclaration, qui consiste en 100 livres de sucre brut, poids de Marc, sera payé par tous les particuliers habitant les îles et terres fermes de l'Amérique, de quelque pays, qualité et condition qu'ils soient, *tant pour eux que pour les nègres, mulâtres, créoles et blancs engagés ou autres domestiques de l'un ou de l'autre sexe qu'ils auront à leur service, aux exceptions ci-après expliquées*. »

La lecture de ce texte fait ressortir tout d'abord une différence grave entre la capitation coloniale et la taxe qui, sous le même nom, se percevait alors en France.

L'esclavage n'existant pas dans la métropole, ceux que la capitation atteint ne sont tenus que pour leur propre personne; encore, pour y être assujetti, faut-il avoir un état, une condition quelconque, ou tenir un feu, un ménage. Les fils de famille non mariés, les femmes, les domestiques, en sont exempts, pourvu qu'ils vivent chez leur père, leur mari, leur maître. (Répertoire du *Journal du Palais*. Capitation, nos 17, 18, 27.)

Dans les colonies, l'impôt de capitation change de nature; non seulement il frappe certains individus libres, comme les domestiques, qui en France n'y sont pas assujettis, mais il s'étend aux esclaves pour qui leurs maîtres sont tenus de payer l'impôt.

En outre, cet impôt de capitation est tantôt une contribution mobilière en tant qu'elle frappe sur la tête des nègres des villes et bourgs, tantôt une contribution immobilière rurale et foncière en tant qu'elle frappe sur la tête des nègres attachés à la culture de la canne, du cafier, du roucouyer, casséficier, cacaoyer, etc., c'est-à-dire aux terres produisant des denrées exportables.

En effet, le 9 avril 1763, après la signature du traité de paix par lequel l'Angleterre rendait à la France les colonies de la Martinique et de la Guadeloupe, le Roi, en conseil d'Etat, ordonnait la levée d'une somme de 750,000 livres afin de couvrir les dépenses des six derniers mois de l'année.

Cette ordonnance laissait au gouverneur et à l'intendant la liberté de choisir la forme de cette imposition.

Elles les autorisait même à délibérer sur cette matière avec divers fonctionnaires et avec adjonction d'un certain nombre de notables habitants de la colonie.

C'est de cette délibération que sortit l'ordonnance du 29 juillet 1763, dont il est important de reproduire les considérants.

« Nous avons considéré que les nègres de culture ne sont point un signe certain et uniforme du produit des habitations auxquelles ils sont attachés; qu'il est des terres qui, avec très peu de nègres, donnent beaucoup plus de productions que d'autres terres qui en exigent un plus grand nombre; que cette augmentation de produits, jointe à la diminution des frais de culture, met une double différence entre les produits nets des bonnes terres et ceux des terres médiocres.

« Qu'ainsi, une imposition qui, étant toujours la même, ne serait répartie que par tête de nègre seulement, sans avoir égard ni à la qualité des terres auxquelles ils sont attachés, ni aux accidents qui surviennent aux récoltes, pour peu qu'elle fût considérable, serait absolument contraire à l'intérêt particulier de la colonie et du commerce, à celui de l'État en général et aux vues du Roi pour l'accroissement de ses colonies; que par conséquent il fallait parmi les différentes formes d'impositions, donner la préférence à celle qui se trouverait toujours et naturellement *porportionnée aux récoltes de chaque particulier*.

« Ces considérations nous ont fait préférer, pour cette fois, de lever la somme de 750,000 livres, une partie *par la voie des droits qui seront établis sur la sortie des denrées de la colonie pour France* et sur l'entrée des marchandises qui étaient assujetties déjà au droit de 1 pour 100 ; une autre partie par le moyen d'une imposition *sur les maisons des villes et des bourgs de cette île* et sur tous les nègres *autres que ceux attachés à la culture du sucre, du café, du coton*, et par une taxe de 72,000 livres sur l'industrie.

« A ces causes, statuons et ordonnons ce qui suit :

« Art. 1er. Tous les sucres qui sortiront de la colonie payeront 6 pour 100 de droits de sortie, savoir 1 *pour* 100 *de droits de poids* auxquels ils étaient assujettis envers le domaine, et 5 *pour* 100 *de nouvelles impositions pour tenir lieu de la contribution de chaque habitant sucrier* au payement de la somme de 750,000 livres demandée par le Roi.

« Art. 2. Il sera aussi levé un droit de 5 pour 100 sur tous les cafés sortant de cette colonie, *en sus de celui de 6 deniers par livre déjà établi à la charge du commerce, pour tenir également lieu de la contribution des habitants caféiers*.

« Art. 3. Le cacao, la casse et le coton, outre les droits de 1 pour 100 *auxquels ils ont toujours été assujettis*, payeront pareillement 5 pour 100 de *nouveau droit*.

« Art. 4. Au moyen de ces impositions, les habitants sucriers, caféiers et ceux qui n'ont d'autre culture que celle du coton, casse ou cacao, *seront déchargés de toute imposition pour leurs nègres* pendant la présente année. »

C'était la première fois que l'on substituait à la capitation des nègres de culture, une imposition sur la production.

On comprend l'immense portée de ce document historique. Cette ordonnance de 1763 établit nettement la différence entre *le droit de poids* qui a son assiette *sur le commerce*, et *le nouveau droit à la sortie qui tient lieu de contribution des habitants.*

Cette même ordonnance dit expressément, tant dans son préambule que dans son article 5, que le nouveau droit à la sortie qu'elle établit sur les denrées, remplace le droit de capitation sur les nègres attachés aux sucreries, aux caféières et aux cultures de coton, de casse et de cacao.

Enfin cette ordonnance établit non moins positivement *que la capitation sur les nègres attachés aux propriétés rurales, ainsi que le droit à la sortie qui la remplace, ne sont autre chose que l'impôt sur la terre même.*

Critiquer l'impôt de capitation en ce qu'il ne représente pas avec certitude et uniformité *le produit des habitations*, en ce qu'il n'est pas susceptible de suivre les variations que la fécondité ou l'infécondité du sol et les circonstances atmosphériques peuvent amener dans le produit du fonds, c'est dire clairement que le fonds est l'assiette de l'impôt; c'est affirmer que la capitation n'a jamais eu pour but de frapper l'esclave lui-même considéré comme propriété, mais qu'elle a toujours été une base d'évaluation des produits du sol et un mode de perception de l'impôt foncier.

Dire par contre que le droit à la sortie offrira tous ces avantages; dire que cette forme d'imposition sera proportionnée aux récoltes; dire enfin que ce droit tiendra lieu de la contribution de l'habitant, c'est affirmer aussi que le droit à la sortie n'a pas pour but de frapper la denrée elle-même, considérée abstractivement du sol comme valeur mobilière, mais que c'est encore une base d'évaluation des produits du sol et un mode de perception de l'impôt foncier.

Ainsi, Messieurs, il ressort bien clairement des documents que je viens de reproduire, que le droit à la sortie qui a pris naissance avec l'ordonnance de 1763 est bien un impôt foncier comme la capitation. En voulez-vous une nouvelle preuve?

La substitution du droit de sortie à la capitation comme mode de perception de l'impôt ne fut pas goûtée en France. Un arrêt rendu par le roi en conseil d'État le 25 février 1764, rétablit le droit de capitation sur tous les nègres esclaves quelles que soient les denrées qu'ils cultivent; *par contre, il supprime le nouveau droit de sortie sur les denrées coloniales.*

Cette même ordonnance maintient la contribution sur les maisons de ville et les droits de patente.

Voilà donc la capitation rétablie comme moyen de percevoir l'impôt sur le sol cultivé.

Cet état de choses dure jusqu'en 1787. Le 17 juin 1787, une ordonnance royale institue les assemblées coloniales et les charge de s'occuper des moyens les plus sûrs et les moins onéreux pour asseoir, répartir et recouvrer l'imposition.

Cette seconde intervention du pays dans les finances va amener pour la deuxième fois la substitution du droit de sortie à la capitation.

Le premier usage que ces assemblées font de leurs pouvoirs est de frapper d'un droit de sortie de 2 pour 100 toutes les denrées exportées de la colonie, en maintenant le droit de 1 pour 100 sur les marchandises importées, et de supprimer la capitation sur tous les nègres attachés à la culture.

Sous le premier empire, c'est le système de la capitation qui prévaut.

En 1810, la Guadeloupe tombe au pouvoir des Anglais. Le premier acte du gouverneur, M. Beckwith, va être le rétablissement du droit à la sortie sur les denrées, en remplacement de la capitation.

L'ordonnance qu'il rend le 29 mars 1810 pour régler les impositions de la colonie, ordonnance analogue à celle qu'il a prise le 15 avril 1809 à la Martinique, après la conquête de cette île, et qui est évidemment calquée sur celle de 1763, est un document précieux en ce qu'il ne contient pas seulement la substitution du droit de sortie à la capitation, mais établit de nouveau, en termes non équivoques, que la capitation sur les nègres de la campagne et le droit à la sortie sur les denrées, ne sont tous deux que des modes de perception de l'impôt foncier.

« Convaincus, disent les auteurs de cette ordonnance, *que la capitation sur les campagnes est un mode d'imposition vicieux*, puisque l'emploi de la même somme de force mise par la même industrie sur des terres d'une inégale fécondité donne des résultats très-différents, ce qui met souvent l'autorité aux prises avec l'impuissance : *voulant centraliser l'impôt de la campagne sur la denrée.*

« Et trouvant néanmoins de toute justice que les propriétaires des habitations cultivées en vivres du pays, ceux des rhummeries étrangères aux sucreries, ceux de bonifieries de café et chaufourneries, soient soumis à un impôt *équivalent à celui que les grandes cultures payent sur la denrée.*

« Nous avons établi et établissons les impositions pour l'année 1810 ainsi qu'il suit :

« Art. 7. Il sera prélevé un droit de sortie de 27 livres sur chaque barrique de sucre terré, de 18 livres sur chaque barrique de sucre brut.

« Le poids de la barrique est fixé à 1,000 livres.

« L'article 1er de cette ordonnance restreint la capitation aux « esclaves des habitations vivrières, à ceux des villes et bourgs, « ouvriers, domestiques, servant à loyers, à la journée, à ceux « qui seront employés à la pêche, ou dans les accons, bateaux-« caboteurs, canots de poste ou de passage, à ceux attachés aux « poteries, rhummeries et vinaigreries autres que celles qui dé-« pendent des sucreries. »

Cette ordonnance de 1810 est la véritable origine du droit à la sortie qui se perçoit encore aujourd'hui.

Quelles ont été dans la pensée du législateur anglais l'assiette et les règles de la perception de cet impôt?

L'assiette, nous la connaissons déjà. En 1810, comme en 1763, elle repose sur le sol cultivé.

En relevant le vice de l'impôt de capitation sur les campagnes, *comme mode d'imposition*, en disant qu'il veut *centraliser l'impôt des campagnes sur la denrée*, en maintenant la capitation sur les nègres des petites cultures pour soumettre les petits propriétaires à un impôt *équivalent à celui que les grandes cultures payent sur la denrée*, le gouverneur Beckwith a levé tous les doutes, tant sur l'assiette de la capitation que sur l'assiette du droit à la sortie.

Mais comment ce législateur a-t-il trouvé dans le sucre un moyen d'évaluer et de percevoir l'impôt foncier?

La fabrication du sucre était à cette époque, le seul moyen de récolter les produits du sol cultivé en cannes.

Le propriétaire foncier colonial était obligé de faire pour sa canne, ce que l'on fait en France pour la pomme à cidre, le raisin et l'olive, afin de livrer ses produits au commerce.

Il fabrique avec ses cannes, avec les fruits de son propre fonds, au moyen d'appareils qui lui appartiennent, et ces appareils attachés au fonds, dont ils sont l'accessoire, ne constituent pas, par eux-mêmes, un capital propre, une propriété distincte de la terre; il est forcé de se livrer à cette fabrication, car la canne à sucre ne constitue à cette époque, ni une denrée pour le commerce, ni une matière première pour l'industrie.

Enfin, cette fabrication, pratiquée par tous les habitants à l'aide de procédés analogues, d'une manière uniforme, n'est que l'opération strictement nécessaire pour transformer la canne en un produit réalisable.

A ces divers points de vue, on peut dire qu'en 1810 le sucre est l'unique produit du sol cultivé en cannes, et la preuve que c'est bien là la pensée du gouverneur Beckwith, c'est qu'il a soin, en présence du sucre terré, de créer un droit de 50 pour 100 plus élevé que celui qu'il frappe sur le sucre brut.

(Il faut trois barriques de sucre brut pour faire deux barriques de sucre terré.)

Le terrage du sucre, qui consiste à mettre le sucre brut dans des formes pour le purger de son sirop, n'est pas une mode de fabrication, c'est une transformation de la denrée qui en augmente la valeur, mais qui, il faut bien le remarquer, en diminue la quantité, et cette diminution de la quantité est égale à l'augmentation du droit dont la frappe le législateur.

En agissant ainsi, le gouverneur Beckwith prouve que le droit à la sortie n'est absolument qu'un mode de perception de l'impôt foncier, car il ne fait que maintenir l'égalité de cet impôt qui eût été violée dans un système où le poids est la seule base de la perception, s'il eût dépendu de certains propriétaires du sol de diminuer leur impôt, en diminuant le poids de leurs denrées. Ainsi donc, ces deux droits établis par ordonnance de 1810, sur le sucre brut et sur le sucre terré équivalent à un droit unique.

De 1810 à nos jours, l'[illegible]ette de cet impôt n'a fait que s'accentuer davantage. L'ordonnance de sir G. Beckwith est reproduite dans tous les budgets faits pendant l'occupation anglaise jusqu'à 1815.

Sous la Restauration, sous le gouvernement de Juillet, c'est le gouverneur qui est le législateur en matière d'impôt.

Les contributions directes, dit-il dans ses arrêtés, consisteront :

1° *Dans la capitation des esclaves attachés aux petites cultures, y compris celles du coton et du cacao, et des esclaves des villes et bourgs, ouvriers, domestiques, servant à loyers où à la journée et tous autres qui n'appartiennent ni aux sucreries, ni aux caféières;*

2° *Dans le droit de sortie en remplacement de la capitation des esclaves attachés à la grande culture;*

3° Dans le droit sur les loyers des maisons;

4° Dans le droit des patentes et licences;

5° Dans la taxe des noirs justiciés.

L'arrêté du 18 octobre 1831 est également un arrêté de principe sur le règlement financier de la colonie, rendu en exécution d'une dépêche ministérielle du 26 avril 1831. Il porte :

TITRE Ier.

CONTRIBUTIONS DIRECTES.

Les contributions comprennent :

. . . .

« Art. 2 : 1° La capitation des esclaves autres que ceux affectés à la culture du sucre et du café ;

« 2° *Le droit fixe de sortie perçu en remplacement de la capitation des noirs de culture ;*

« 3° Le droit sur la valeur locative des maisons ;

« 4° Les patentes. . . . .

En 1833, le conseil colonial est créé, et l'article 6 de la loi de cette année lui donne le pouvoir de déterminer, sur la présentation du gouverneur, l'assiette et la répartition des contributions directes. Dans tous les décrets que rend cette assemblée pour régler l'assiette et la répartition des impositions, le droit à la sortie est qualifié de droit fixe en remplacement du droit de capitation, et la seule modification que subissent les règles de perception du droit à la sortie, c'est la suppression dans les budgets coloniaux, à partir de 1845, de la distinction faite en 1810 pour la perception d'un droit entre le sucre brut et le sucre terré, ce qui s'explique par la disparition du sucre terré lui-même de la production coloniale. C'est important à constater.

Le décret organique des municipalités du 20 septembre 1837 ne permet, comme dans la métropole, la taxe des centimes additionnels perçus au profit des communes qu'autant qu'ils portent sur le principal de l'une des quatre contributions directes.

Dans la section deuxième de ce décret, sous la rubrique : *Revenus des communes*, l'article 66 dispose :

« Il sera pourvu aux dépenses communales au moyen...

« § 8. — Des centimes additionnels sur la taxe des loyers des maisons dans les villes et bourgs.

« § 11. — De la taxe qui sera établie sur *les nègres de grande culture* additionnellement au droit en remplacement de la capitation.

« § 12. — Des centimes additionnels sur les nègres des villes et autres communes dont la capitation est payée directement par les maîtres.

« § 13. — Des centimes additionnels au droit de patente industrielle. »

En 1841, un décret colonial est rendu sur l'assiette et la perception des impositions.

Que dit-il ?

« Nous, gouverneur de la Guadeloupe et dépendances, avons proposé et le conseil colonial a adopté ce qui suit, sous la sanction du roi.

« Article 1er. L'assiette et le recouvrement des impositions s'effectueront conformément aux dispositions du présent décret.

TITRE Ier.

CONTRIBUTIONS DIRECTES.

Capitation des esclaves.

SECTION Ire.

Art. 2. Les esclaves sont assujettis au droit de capitation sous les exceptions ci-après, etc.

SECTION 2.

« Droit fixe en remplacement de la capitation des noirs de grande culture (sucreries et caféières).

« Art. 6. Le droit de capitation sur les esclaves de sucreries et de caféières se percevra au moyen d'un prélèvement sur les sucres, cafés, sirops, rhum et tafia de la colonie au moment de leur exportation.

CHAPITRE II.

PATENTES.

CHAPITRE III.

DROITS SUR LA VALEUR LOCATIVE DES MAISONS.

CHAPITRE IV.

DISPOSITIONS GÉNÉRALES RELATIVES AUX CONTRIBUTIONS DIRECTES.

« Enfin,

TITRE II.

CONTRIBUTIONS INDIRECTES

On le voit, dans ce décret qui règle l'assiette et la perception des contributions, le droit à la sortie qui remplace la capitation est rangé également dans la catégorie des impôts directs, avec les patentes, avec le droit sur la valeur locative des maisons.

Nous trouvons encore dans le *Bulletin officiel* de la Guadeloupe de cette même année (1841), un document précieux : c'est une *loi* du 25 juin 1841 relative au régime financier de la colonie.

« Louis-Philippe, roi des Français, etc.

« Avons proposé, les Chambres ont adopté;

« Nous avons ordonné et ordonnons ce qui suit :

« Article 1er. Les recettes et dépenses affectées au service général sont arrêtées définitivement par la loi du budget.

« Les recettes et les dépenses affectées au service intérieur continueront à être votées par les conseils coloniaux.

« Toutes dispositions contraires sont abrogées.

« Art. 2. Dans les colonies les recettes de toute nature continueront à être faites en 1842, conformément aux lois et ordonnances actuellement en vigueur. »

Que voyons-nous maintenant au tableau F qui est placé à la suite de la loi.

Désignation des recettes.

« Recettes du service local à voter par les conseils coloniaux en exécution de la loi du 24 avril 1833.

Contributions directes.

« 1° Capitation des villes et bourgs;
« 2° Capitation des grandes et petites cultures;
« 3° Contribution personnelle;
« 4° Droits sur les maisons des villes et bourgs;
« 5° Droits sur les patentes.

Contributions indirectes.

« 1° Droits sur les alambics;
« 2° Droits sur la vente des tabacs;
« 3° Taxes accessoires de navigation.

Droits d'entrepôt.

« Droits divers (Licences, ports d'armes, poste aux lettres, etc.). »

Ainsi donc, dans cette loi, nous voyons la capitation des grandes cultures figurer comme dans le décret colonial aux contributions directes, et cette situation se continue dans tous les budgets jusqu'à 1848.

En 1848, un décret du Gouvernement provisoire en date du 27 avril 1848 donne aux commissaires et aux gouverneurs de la République la plénitude des pouvoirs en matière d'impôt, qui appartenait au conseil colonial, et ces représentants de l'autorité de la métropole maintiennent depuis lors, comme règle de perception du droit à la sortie, le droit fixe et unique, ayant pour base le poids.

La définition de cet impôt devient même beaucoup plus complète.

Dans l'arrêté du 8 novembre 1848, qui règle la perception des impôts pour l'année 1849, arrêté auquel ceux des années suivantes renvoient purement et simplement, le droit à la sortie prend enfin le nom de contribution foncière, ce nom qui seul, lui avait fait défaut jusqu'alors.

Voici le texte de cet arrêté qui intéresse notre sujet :

« Nous, gouverneur de la Guadeloupe et dépendances,

« Vu le décret du Gouvernement provisoire en date du 27 avril 1848, qui confère aux commissaires généraux de la République dans les colonies les attributions financières réservées aux conseils coloniaux par la loi du 24 avril 1833;

« Sur le rapport du directeur de l'intérieur et l'avis du conseil privé, arrêtons :

TITRE Ier.

CONTRIBUTIONS ET REVENUS PUBLICS.

« Article 1er. *Les contributions directes et indirectes afférentes aux caisses coloniales et communales seront perçues, en* 1849, *dans les formes et d'après les dispositions du décret colonial du* 21 *janvier* 1841 *et suivant les tarifs fixés par le présent.* »

Ce décret colonial est celui dont vous venez d'entendre la lecture.

. . . .

TITRE 2

CONTRIBUTIONS AFFÉRENTES A LA CAISSE COLONIALE. — CONTRIBUTIONS DIRECTES. — CONTRIBUTIONS FONCIÈRES.

. . . .

« Article 2. Droits de sortie sur les denrées de la colonie :

« Sucre brut, par 100 kilogrammes, 2 fr. 50 cent. etc.

« Article 3. Taxes sur les terres cultivées en vivres, fourrages, cotonniers, cacaoyers et tous autres produits autres que la canne et le café :

« Par hectare en culture, 20 francs.

« Article 5. Droit sur la valeur locative des maisons. »

CONTRIBUTION MOBILIÈRE.

« Article 7. Contribution personnelle.

« Article 8. Impôt sur la fabrication des rhums, etc. »

Et plus loin :

CONTRIBUTIONS INDIRECTES.

Ainsi, l'arrêté de 1848, après avoir établi la grande division des contributions en impositions directes et en impositions indirectes, subdivise encore les premières en contributions foncières et contributions mobilières, et range expressément le droit à la sortie au nombre des contributions foncières, avec l'impôt sur les terres cultivées en produits secondaires, avec la contribution sur les maisons.

L'auteur de cet arrêté est un législateur, et c'est le dernier qui ait réglé l'assiette des contributions à la Guadeloupe.

C'est dans l'arrêté du 8 novembre 1848, qui est encore en vigueur, qu'il faut chercher l'assiette actuelle du droit à la sortie. Or, que nous apprend-il? Que le droit à la sortie c'est l'impôt foncier.

Cet arrêté est resté, l'on pourrait dire, en quelque sorte, un arrêté de principe ; le régime financier qui en a été la conséquence, est resté la loi de la colonie, après le sénatus-consulte du 3 mai 1854 ; car sous cette nouvelle constitution qui disposait dans son article 16 : *Que le mode d'assiette et les règles de perception des taxes locales seraient déterminés par des règlements d'administration publique*, aucun règlement de cette nature n'est venu modifier le règlement financier établi par l'arrêté du commissaire général de la République, du 8 novembre 1848, et de plus, cet arrêté a reçu une nouvelle consécration du décret financier du 26 septembre 1855, qui dispose dans son article 42, « que jusqu'à la promulgation des règlements d'administration publique qui, aux termes de l'article 16 du sénatus-consulte du 3 mai 1854, doivent statuer sur le mode d'assiette et les règles de perception des taxes locales, celles des taxes actuellement existant dans chaque colonie, et dont la perception aura été légalement autorisée, continueront à être recouvrées selon les dispositions en vigueur. »

7

Ce décret financier du 26 septembre 1855 est bien expl sur le caractère du droit à la sortie, car dans son article sous la rubrique des *Budgets locaux ordinaires*, il s'exp ainsi :

« Sont comprises dans le budget local ordinaire les rec suivantes :

« 1° Les taxes affectées aux dépenses ordinaires des colo savoir :

« Droit de sortie sur les denrées coloniales, représentat *l'impôt foncier*. »

Aussi, pendant une longue série d'années, cette qualific d'impôt foncier donnée par l'arrêté du 8 novembre 184 droit de sortie paraîtra-t-elle dans tous les budgets voté le conseil général, et on lira dans l'arrêté annuel des taxes vote cette assemblée, ce qui suit :

« CONTRIBUTION FONCIÈRE, *droit sur les produits des t cultivées en cannes, perçu à la sortie.* »

Et l'on voit la commission financière de cette assemblée, la session de 1855, repousser un droit à la sortie du sirop posé par l'administration, par ces motifs :

« Qu'il ne faut pas perdre de vue *qu'il ne s'agit pas i l'établissement d'un droit à la sortie des denrées fabriquées que le sucre, café et sirop, mais de régler la* CONTRIB FONCIÈRE *à laquelle sont soumises les terres cultivées en ca ou cafés.*

« Le droit établi à la sortie de ces denrées *n'est qu'un de perception de l'impôt*, un moyen de le réaliser de la ma la plus prompte, la plus sûre et la plus économique; m n'en change pas la nature, et c'est toujours *l'impôt foncie pliqué aux habitations sucreries et aux caféyères et no droit particulier sur la fabrication des produits de ces ha tions.* »

Et le conseil général, jaloux de conserver la tradition f cière, connaissant la limite de ses attributions, et bien pé en même temps de son droit, qui ne lui permettait pa changer l'assiette des taxes, ni même de la modifier, acce toutes les résolutions proposées par la commission, rédi l'article de son budget de la manière suivante :

CONTRIBUTION FONCIÈRE.

« *Droit à raison de 5 pour 100 du* REVENU *sur les t cultivées en cannes* (sucre, sirop et tafias) *perçu à la sort* raison de 2 francs par 100 kilogrammes de sucre.

« *Droit à raison de 5 pour 100 du revenu sur les terres*

tirées en café, perçu à la sortie, à raison de 3 francs par 100 kilogrammes de café.

Sous l'empire du sénatus-consulte du 4 juillet 1866, qui étendait les attributions du conseil général en lui donnant le droit de délibérer « (art. 3, n° 4) sur le mode d'assiette et les règles de perception des contributions et taxes » (sauf l'approbation de ces délibérations par décret du chef du pouvoir exécutif, rendu sur le rapport du ministre de la marine et des colonies), il n'a jamais été porté aucune modification à l'assiette de notre impôt foncier en ce qui touche le droit de sortie, si bien qu'aujourd'hui encore, c'est l'arrêté du commissaire général de la République du 8 novembre 1848 qui est notre seule règle, ainsi que le disait, en 1871, M. le directeur de l'intérieur.

Et ne l'oublions pas, cet arrêté n'était pas une innovation dans le régime financier : il est plus explicite peut-être que tous les arrêtés antérieurs à l'endroit de l'*impôt foncier appelé droit de sortie*, voilà tout, car son auteur, qui pourtant légifère, comme c'est son droit, a bien soin de déclarer que :

« Article 1er. Les contributions directes et indirectes afférentes aux caisses coloniales et communales seront perçues en 1849, dans les formes et d'après les dispositions du décret colonial du 21 janvier 1841, et suivant les tarifs fixés par le présent. »

Il n'y a donc rien de changé dans l'assiette de l'impôt : le décret colonial du 21 janvier 1841 frappait d'un droit de sortie le sucre brut, comme expression certaine du revenu de la terre cultivée en cannes; c'est aussi sur le sucre brut que le législateur de 1848 frappe ce même droit de sortie, qu'il a, d'une manière plus nette que ses devanciers, dénommé *une contribution foncière.*

Ce n'est pas tout encore.

L'administration, elle aussi, a partagé, jusqu'ici, l'opinion que le droit à la sortie c'est l'impôt foncier.

En effet, dans la session ordinaire de 1871, la commission financière voulait frapper d'une surtaxe à la sortie les sucres autres que les sucres bruts, c'est-à-dire les sucres d'usine.

Et un membre du conseil général *ayant voulu faire observer que l'impôt foncier dont on faisait tant de bruit, et qu'on invoquait pour combattre la proposition de la commission, n'existait pas dans la colonie et qu'il n'était qu'un vain mot appliqué à un droit*, M. le directeur de l'intérieur s'exprime ainsi :

« J'ai entendu dire dans la discussion que l'administration paraissait avoir incité le conseil général à la création d'un droit sur les sucres d'usine, rien n'est moins exact. Ce droit est né de l'initiative de la commission financière en 1868, sans la participation de l'administration. »

On n'ignore pas qu'il ne fut point admis par le conseil. Il est vrai que dans le budget préparé pour 1869, comme dans ceux qui l'ont suivi, on s'est borné à inscrire les droits de sortie sur les sucres, sans ajouter *comme autrefois ces mots : représentant l'impôt foncier.*

« *Mais cette suppression, disait M. le directeur de l'intérieur de l'époque, n'a aucune importance aux yeux de l'administration actuelle,* QUI N'Y A PAS PRIS GARDE.

« *Cette modification ne peut exercer aucune influence sur le fond des choses, et ce n'est pas parce qu'on a supprimé les mots ci-dessus rapportés que le droit changera de nature.*

« C'EST BIEN TOUJOURS UN IMPÔT FONCIER DIRECT PERÇU SOUS UNE FORME INDIRECTE A LA SORTIE.

Il ajoutait plus loin :

« *L'impôt sur le sucre est une contribution foncière, et s'il se perçoit à la sortie, c'est là un mode exceptionnel, particulier au pays et qui est né de cette double circonstance favorable :*

« 1° Que la colonie exporte la plus grande partie de ses denrées ;

« 2° Qu'elle ne peut les exporter qu'en les chargeant dans les ports où la perception des droits peut se faire facilement. »

Ainsi donc, Messieurs, vous le voyez par les nombreux textes que j'ai fait successivement passer sous vos yeux, l'impôt à la sortie n'est pas autre chose que l'impôt foncier et n'a jamais dû être rangé dans la catégorie des impôts indirects.

Comment se fait-il donc que depuis 1869, l'administration coloniale ait cru devoir, soit dans le tarif des taxes coloniales, soit dans le projet de budget présenté tous les ans au conseil général, soit dans le rapport des comptes, comment se fait-il, dis-je, que l'administration coloniale ait cru devoir déplacer le droit de sortie qui figurait jusqu'ici, en tête du tarif des taxes, sous la rubrique : *Contributions directes, contributions foncières,* pour le renvoyer au paragraphe premier des contributions indirectes ?

M. le directeur de l'intérieur de 1871 en cherchant à disculper son administration de la suppression des mots *représentant l'impôt foncier,* déclarait bien *que c'était là une suppression sans importance pour lui.* Mais comment se fait-il alors que l'on ait cru devoir encore dénaturer le texte du tarif des taxes locales existant, en supprimant le droit de sortie au chapitre des contributions directes pour le porter à celui des contributions indirectes ?

Comment se fait-il encore qu'au tarif des taxes au profit des communes, l'on ait dénaturé le texte du paragraphe 15 ?

Voici, en effet, comment l'administration avait toujours rédigé ce paragraphe :

« *Centimes communaux additionnels au principal des contributions directes et de la taxe des distilleries.* »

Eh bien! à partir de 1869, nous trouvons la rubrique suivante :

« *Centimes communaux additionnels au principal des contributions directes et indirectes*, savoir :

« 1° *Sur le droit de sortie des denrées coloniales ;*

« 2° Sur la taxe directe des maisons ;

« 3° Sur la contribution des patentes. »

Il est bien évident, Messieurs, que l'administration, quoiqu'elle ait pu dire, avait un but, quand elle a d'abord supprimé au budget les mots « *représentant l'impôt foncier* », quand elle a ensuite enlevé du paragraphe premier du chapitre des contributions directes, du tarif des taxes locales, le droit de sortie ; quand elle a enfin, dans le tarif des taxes communales, ajouté, à ce qui existait autrefois, le mot de *contributions indirectes.*

Ce but, Messieurs, je n'ai pas à le rechercher ; je constate seulement un fait, un fait des plus regrettables.

Je constate, en outre, qu'en agissant ainsi, l'administration a commis une illégalité ; qu'elle l'a commise sciemment, qu'elle a été prévenue toutes les fois que la question s'est représentée devant le conseil général, soit quatre fois en dix ans ; qu'elle s'est toujours défendue de toute mauvaise pensée et qu'elle a continué cependant à dénaturer les textes ; ce qui pouvait avoir pour effet de jeter la perturbation dans vos esprits, comme dans les finances de la colonie. Dans vos esprits, en vous laissant penser que le droit à la sortie n'est pas un impôt foncier. Dans les finances de la colonie, en laissant croire qu'au mépris de toutes les lois et ordonnances qui régissent la matière, il était permis à la Guadeloupe de percevoir des centimes additionnels pour les communes sur des contributions indirectes, alors que les lois de finances qui existent, soit en France, soit dans la colonie, ont bien soin de spécifier que les revenus des communes ne peuvent provenir, en fait de centimes additionnels, que des quatre contributions directes.

J'espère, pour ma part, que cette discussion aura pour conséquence de faire rétablir les textes dans leur entière vérité sans que M. le ministre de la marine soit appelé à intervenir dans la question.

L'on vous a dit, Messieurs, que le droit de sortie n'était pas un impôt foncier. Déjà en 1869, un membre du conseil général l'avait qualifié d'*impôt sui generis*. Ce mot a fait fortune ; il a été répété devant le conseil l'année dernière, il le sera encore certainement cette fois-ci.

J'ignore pour ma part ce qu'il peut vouloir dire.

Vous le savez comme moi, du reste, dans notre système général d'impôts, système calqué sur celui de la métropole, il existe des impôts directs et des impôts indirects.

Parmi les impôts indirects, ne figure pas d'*impôt sui generis*. Est-ce donc un droit de douane? Évidemment non. Le droit de douane se perçoit à l'entrée sur des marchandises étrangères. C'est une protection en faveur du producteur du pays dans lequel s'introduit la marchandise.

Est-ce donc un impôt de consommation?

Pas davantage, car ce droit se perçoit sur le sucre qui sort de la colonie et non sur celui qui s'y consomme.

Est-ce donc un droit d'octroi?

Vous savez comme moi qu'il serait perçu à l'entrée, et qu'il appartiendrait entièrement aux communes.

Si donc on ne peut pas classer ce droit à la sortie dans aucune des catégories des impôts indirects, il faut bien se résigner à reconnaître l'authenticité des textes qui en font une contribution foncière.

Il ne peut donc y avoir dans vos esprits le moindre doute sur les origines du droit à la sortie; vous reconnaîtrez tous avec moi et avec M. le directeur de l'intérieur de 1871 *que c'est bien toujours un impôt foncier, un impôt direct, perçu sous une forme indirecte, à la sortie.*

Ce point bien établi, il convient de se demander si cette contribution foncière réalise bien les idées du législateur, c'est-à-dire si la taxe correspond à 5 pour 100 du produit net du sol comme pour l'impôt des maisons, comme pour la contribution foncière dans la métropole.

Il me paraît intéressant de faire un parallèle entre la contribution foncière coloniale et la contribution foncière métropolitaine.

L'Assemblée constituante, par sa loi du 1er décembre 1790, avait décidé que les anciens impôts directs supprimés : la taille, les capitations, les vingtièmes, seraient remplacés par l'impôt foncier qui devait être en principe proportionnel au revenu net de la terre des maisons.

Cet impôt est à l'heure qu'il est en France de 4.24 pour 100 en principal du revenu net.

Le revenu net, imposable, représente la valeur locative, déduction faite du quart, selon les lois de frimaire an VII. La perception de cet impôt se fait au moyen d'un cadastre qui établit les contenances exactes et le revenu cadastral de chaque parcelle.

Voilà ce qui se passe en France.

Voyons donc quel serait, ici, l'impôt de la terre, si l'assimilation existait de ce chef entre la colonie et la métropole.

L'hectare de terre vaut ici, en le morcelant, 500 francs au maximum. Un hectare de terre se loue couramment 50 francs.

Mais ne nous occupons pas des terres que l'on peut louer par parcelle, voyons, en étant très large dans nos appréciations, quel serait l'impôt foncier sur une propriété admirablement cultivée et ayant à sa disposition des capitaux et des bras.

Supposons qu'une propriété de cent hectares mette en culture cinquante hectares, supposons qu'elle produise en moyenne 40,000 kilogrammes de cannes par hectare, ce qui est une moyenne très élevée.

Les dépenses par hectare se décomposent de la façon suivante :

1° Salaires.	350 fr.	00
2° Engrais.	250	00
3° Animaux, charronnage, frais d'administration, intérêts d'argent, etc	200	00
	780	00

Par contre, 40,000 kilogrammes à 22 francs les 1000 kilogrammes représentent 880 francs ; donc, le bénéfice de cet hectare serait de 100 francs.

Mais le prix de la canne, valeur marchande à l'usine, est établi à 22 francs les 1000 kilogrammes parce que ces 1,000 kilogrammes supportent un droit de sortie de 3 francs en principal et accessoires, quand ils se présentent en sucre pour être expédiés, droit que l'industriel a charge de payer et qui a dû entrer en ligne de compte quand il a établi son prix d'achat.

Si donc il n'y avait pas de droit à payer à la sortie et que le propriétaire eût à solder l'impôt foncier par une cote chez le percepteur, il est incontestable que ces 120 francs seraient remboursés par l'acheteur de la matière première. On peut donc dire que l'ensemble du revenu serait de. 100 fr. produit net, plus. . . . . 120 impôt.

Égal. 220

Par conséquent, l'hectare payerait 4.24 pour 100 sur 220 fr. moins le quart de 220, soit sur 165 francs, soit 7 francs par hectare.

Et comme il n'y a que cinquante hectares de cultivés sur cent, et qu'avec le cadastre, on payerait sur l'entier de la terre cultivée ou non, il faut, pour cinquante hectares, doubler la somme et dire que chacun de ces hectares payerait non 7 francs, mais bien 14 francs.

Ainsi donc, avec la législation métropolitaine, l'hectare payerait 14 francs, en admettant que 50 pour 100 de la propriété serait cultivé.

Il payerait évidemment moins si la culture se portait sur soixante-dix hectares au lieu de cinquante, et, dans ce cas, il ne payerait plus que 10 francs par hectare, car en tout état les cent hectares ne payeraient que 700 francs, qui, répartis sur soixante-dix hectares cultivés, font bien 10 francs par hectare.

Voyons maintenant ce que paye le même hectare dans la colonie.

Il importe ici de faire une distinction entre l'hectare dont les produits sont manufacturés par le propriétaire du sol et celui qui fournit ses cannes à une usine, en négligeant, dans l'espèce, les centimes additionnels comme nous l'avons fait pour l'impôt foncier de la métropole.

L'hectare dont les produits sont convertis en sucre par le propriétaire du sol donne 2,800 kilogrammes de sucre, soit à 2 francs les 100 kilogrammes de droit de sortie, 56 francs au lieu de 14 francs. C'est 42 francs de plus qu'il ne devrait verser, ou 300 pour 100 de plus, et 8.40 pour 100 de la valeur de la terre, ce qui revient à dire qu'en douze années ce propriétaire verse au fisc l'entier de la valeur de son sol en sus de ce qu'il devrait payer.

Quant à celui qui fournit ses 40,000 kilogrammes à une usine, il obtient 4,000 kilogrammes de sucre qui, à 2 francs en principal, représentent 80 francs qui sont perçus par la caisse coloniale, comme impôt foncier, au lieu de 14 francs. Différence en plus 64 francs par hectare, soit 4.57 pour 100 de plus qu'il ne devrait verser, et comme la valeur de l'hectare est de 500 fr., c'est 12.80 pour 100 de la valeur de l'hectare, ce qui revient à dire que, par ce supplément d'impôt, en huit années, le propriétaire de ce sol verse dans la caisse au fisc, en plus de ce qu'il verserait en France, l'entier de la valeur de ses terres.

L'on constate tout d'abord, en outre de l'exagération de ces deux impôts, une anomalie flagrante dans la situation qui est faite à un hectare de cannes, soit que ces cannes soient travaillées par le propriétaire du sol ou par l'usine. Et l'on voit bien là que l'impôt cesse d'avoir pour base le produit du sol, mais l'installation qui produit le sucre.

Nous avons établi combien l'impôt foncier de la colonie est exorbitant, quand on le compare à celui de la France ; nous allons maintenant démontrer combien cet impôt foncier a été détourné de son origine et comment il est devenu, en même temps qu'un impôt foncier, un impôt industriel.

On vient de voir que les 40,000 kilogrammes de cannes fabriqués chez l'habitant ne produisent que 2,800 kilogrammes de sucre, alors que la même quantité de cannes envoyée à l'usine produit 4,000 kilogrammes de sucre.

Cette différence de 1,200 kilogrammes de sucre, pour une égale quantité de cannes, ne provient pas évidemment du sol, puisque nous établissons la même quantité de kilogrammes à l'hectare. Elle ne peut donc provenir que de l'industrie, qui par ses appareils perfectionnés, établis à grands frais, obtient, avec la même matière première, un rendement plus considérable en sucre. D'où la conséquence logique que ces 1,200 kilogrammes de sucre, qui ne sont dus qu'à la fabrique, subissent cependant un impôt foncier, alors qu'ils sont un produit de l'industrie et non de l'agriculture. Et il est certain que le premier devoir d'un législateur devrait être de décharger l'industrie d'un impôt qui ne doit frapper que les produits du sol ; d'un impôt qui n'existerait certainement pas si les règles qui régissent la métropole étaient appliquées ici à la propriété foncière.

Est-ce bien la seule anomalie qui existe au point de vue de l'impôt foncier?

A côté de ces deux hectares de terre produisant la même quantité de denrées, dont l'une est frappée d'un impôt de 15 pour 100 supérieure à l'autre, nous voyons que les terres cultivées en café payent un impôt de 25 francs par hectare. La production moyenne de l'hectare étant de 500 kilogrammes de café, et le café payant un droit à la sortie de 5 francs par 100 kilogrammes, ces 500 kilogrammes de café représentent un produit brut de 1,150 francs.

Il est notoire que les dépenses généralement quelconques de la moyenne des caféyères représentent 50 pour 100 des produits bruts, soit 575 francs par hectare.

Il reste donc net 575 francs de revenu au propriétaire du sol, et comme il paye 25 francs, c'est 4.34 pour 100 de son revenu net.

Voilà donc une culture qui paye l'impôt foncier comme en France.

Cette différence de situation, quant au payement de l'impôt foncier, explique bien, à elle seule, d'une part, la gêne des habitations sucrières; d'autre part, la marche normale des habitations caféyères.

Ainsi, nous voyons par cette comparaison que l'hectare en cannes qui vaut 500 francs paye tantôt 64 francs, tantôt 80 fr.

par an d'impôt foncier, tandis que l'hectare de café qui vaut 2,500 francs au minimum, paye 25 francs.

Quant aux terres cultivées en denrées non exportables, telles que tabac, vivres, fourrages et autres produits secondaires, elles ne payent aucune espèce d'impôt depuis nombre d'années, sous prétexte que la rentrée de cet impôt était trop difficile.

Il résulte de l'exposé qui précède, que ce système de l'impôt foncier n'a pas été maintenu selon les principes indiqués par l'assemblée constituante de 1790 et que ce n'est pas un impôt proportionnel au revenu net de la terre, mais qu'il n'a été maintenu qu'en foulant aux pieds tout sentiment de justice et d'équité. Et il est du devoir du ministère de la marine, comme de la haute administration coloniale, comme du conseil général, de faire cesser un état de choses qui est en contradiction flagrante avec les règles établies par la métropole en matière d'impôts, et est une entrave à la prospérité de notre colonie.

Le cadastre seul peut remédier aux inconvénients que nous venons de signaler.

En France, dès 1807, l'on a entrepris cette grande œuvre de justice, d'égalité proportionnelle devant l'impôt, sans se laisser arrêter par les difficultés, et l'on a accompli ainsi un progrès considérable.

Il est incontestable que dans notre colonie, toutes proportions gardées, l'œuvre serait plus facile, la propriété étant peu morcelée encore, et beaucoup d'habitants ayant les plans de leurs terres.

Au point de vue politique l'on a beaucoup demandé l'assimilation de la colonie à la métropole; ne serait-il pas convenable de demander aussi son assimilation au point de vue économique?

Au lieu de cela que vous demande-t-on aujourd'hui?

On vous demande de créer une surtaxe de 25 pour 100 en principal et accessoires sur le sucre turbiné, c'est-à-dire sur le sucre provenant des usines.

C'est bien là, n'est-ce pas, un impôt sur l'industrie que l'on vous propose de créer, car ce n'est pas le sol qui fait du sucre turbiné, et remarquez, je vous prie, que ce sucre turbiné n'est pas produit, comme le sucre terré, au détriment de la quantité, mais qu'au contraire l'usine, par ses appareils perfectionnés, obtient de la canne un rendement de 10 pour 100, alors que l'habitant, par ses procédés ordinaires, n'en retire que 7 pour 100.

Ce qui revient à dire que le rendement de la canne en sucre est augmenté par les usines de 43 pour 100 en poids qui payent déjà le droit à la sortie, ce qui n'est pas juste, puisqu'ils ne sont que le produit de l'industrie.

Nous avons démontré plus haut que le droit à la sortie n'est qu'un impôt foncier, et que par conséquent il ne devrait frapper que le sol, alors qu'il frappe et le sol et l'industrie.

Les auteurs de la proposition veulent aujourd'hui dénaturer d'une façon plus sensible encore les bases de l'impôt foncier et en faire un impôt agricole d'un côté, agricole et industriel d'un autre côté, et enfin industriel d'un troisième côté, soit qu'il frappe la canne manufacturée par l'habitant, la canne manufacturée par l'usine, et enfin le sucre turbiné produit par ladite usine.

Cette prétention de leur part, quand il s'agit d'un impôt purement foncier, ne peut être acceptée, ni en droit, ni en fait.

En droit, car on ne saurait admettre qu'il puisse appartenir à un conseil général quelconque de dire qu'un impôt foncier est un impôt industriel.

En fait, un impôt industriel peut-il être autre chose, à la Guadeloupe, qu'une patente? Et cette patente, vous le savez, Messieurs, est payée par toutes les usines dont la plupart en subissent une hors classe.

C'est bien là, dans notre législation actuelle, le seul impôt qui puisse frapper l'industrie.

Je ne m'occupe pas des impôts généraux que supportent les usines, impôts de consommation, droits de navigation et de port, droits d'enregistrement, décimes pour l'immigration, octroi de mer, taxes sur les voitures et animaux, chemins vicinaux, centimes additionnels pour les communes et les chambres d'agriculture, etc.

La prétention des auteurs de la proposition est d'établir une taxe différentielle entre le sucre brut et le sucre turbiné, parce que, disent-ils, ce dernier a une valeur marchande plus considérable que le sucre brut.

Dans leur pensée, plus un produit a de valeur, plus il doit payer d'impôts.

Est-ce bien là, Messieurs, la théorie des économistes de la métropole? Y a-t-il un seul impôt foncier ou industriel qui soit assis sur cette base? N'a-t-on pas soin, au contraire, de rechercher, pour asseoir sérieusement l'assiette d'un impôt, quel est le produit net et non pas la valeur brute?

Ne sait-on pas que les usines n'arrivent à obtenir un supplément dans la quantité et dans la qualité qu'au moyen d'installations dispendieuses, nécessitant des frais généraux considérables, et le législateur n'a-t-il pas soin toujours de défalquer les dépenses pour arriver à connaître le produit net qui doit entrer dans la caisse de l'industriel?

Eh bien! est-on venu devant vous avec un compte de ce genre? Vous a-t-on établi un chiffre de bénéfices? L'on s'en est bien gardé, et cependant, Messieurs, c'était bien facile. Il existe dans notre colonie quatre fabriques appartenant à des sociétés par actions : ce sont les usines d'Arboussier, Beauport, Gentilly et Bologne, qui produisent 40 pour 100 de nos sucres turbinés.

Est-on venu vous démontrer que ces établissements distribuent de gros dividendes et que, par conséquent, il y a lieu de les frapper d'un impôt sur leur revenu ?

L'on a préféré, vous parlant d'équité, de justice, présentant du reste des chiffres erronés, vous tenir à propos d'un impôt frappant l'industrie, ce raisonnement qui paraît si simple, si équitable? .

Est-il juste qu'un produit qui vaut 60 francs les 100 kilogrammes, ne paye pas plus de droits qu'un autre produit qui vaut 40 francs ?

Vous répondrez avec moi : Il n'est pas exact d'abord que le sucre turbiné vaille 50 pour 100 de plus que le sucre bonne quatrième. Ce sucre turbiné se compose, en effet, d'un entier dont 60 pour 100 est du sucre blanc et 40 pour 100 des sucres roux (2e, 3e, 4e jets), lesquels valent souvent moins que la bonne quatrième, et la valeur moyenne du sucre turbiné n'est pas supérieure de plus de 15 pour 100 à la valeur du sucre brut bonne quatrième.

Les relations de la colonie plus fréquentes avec les États-Unis d'Amérique ayant surélevé le prix du sucre bonne quatrième, et la législation ne permettant pas d'y envoyer avec profit des sucres blancs, le prix de la bonne quatrième a bénéficié d'une surélévation dont les usines ne trouvent pas la compensation en France, où les produits sont réalisés, ce qui a diminué l'écart existant entre le sucre blanc et le sucre bonne quatrième.

Vous direz ensuite : il peut être juste, quand il s'agit d'un impôt de douane, frappant des marchandises étrangères, d'un impôt d'octroi, frappant les marchandises générales, d'un impôt de consommation, de tous impôts enfin que le consommateur paye, de lui dire : vous payerez un impôt sur la valeur de l'objet que vous consommez ; mais quand il s'agit d'un impôt foncier ou industriel, le mode change, ce n'est plus la valeur de l'objet, c'est le revenu qu'il produit qu'il convient d'imposer.

Il y a eu certainement grande confusion dans l'esprit des auteurs de la proposition, qui ont pensé qu'il s'agissait d'un impôt semblable aux impôts indirects créés dans la colonie et payés par le consommateur, alors qu'il n'était question que de créer un impôt industriel sous le nom d'une surtaxe sur un impôt foncier dont l'on veut modifier ainsi les bases au grand détriment de l'industriel.

Je vous ai dit, Messieurs, que les auteurs de la proposition se sont bien gardés, pour venir appuyer leur demande, de vous parler de la situation dans laquelle se trouve l'industrie qui produit le sucre turbiné.

Ils vous demandent, en effet, de surtaxer un sucre qui depuis longtemps ne donne que des déceptions. L'industrie est obligée d'employer tous ses bénéfices à soutenir l'agriculture. Et c'est ainsi que dans une seule fabrique, la culture a absorbé en dix années, 3,000,000 de francs d'avances, 2,500,000 francs dans une autre, 1,200,000 francs dans une autre.

Les actions de ces fabriques ne sont même pas au pair.

Cependant, c'est grâce à ces usines, établies pour la plupart par des capitaux métropolitains, que le pays a vu s'accomplir sa transformation économique.

Elles ont pris la place des négociants commissionnaires qui avaient disparu, ont permis au commerce de vendre avec sécurité, et au comptant, à la banque de prêter à l'agriculture, en la couvrant de leur aval, ont doublé la production coloniale comme quantité et triplé comme argent dans les quinze dernières années. Aujourd'hui tout se vend au comptant, la faillite n'est plus qu'un souvenir du passé, le commerce est prospère, la petite propriété et le colonage se sont développés dans une proportion considérable, et le budget colonial lui-même a bénéficié de cette transformation.

En résumé, Messieurs, la surtaxe sur les sucres d'usine ne serait pas équitable au point de vue de la proportionnalité de l'impôt foncier, puisque ce serait créer un impôt industriel, lequel ne frapperait pas le revenu net des usines, mais viendrait, au contraire, augmenter les embarras, les difficultés de toutes sortes qui assiégent les établissements dont la création jointe à l'immigration, a eu pour conséquence de doubler notre production coloniale et d'assurer notre système économique sur des bases stables, sérieuses, durables. Par ces motifs vous repousserez cette proposition contraire au droit et à l'équité.

Vu l'heure avancée, je demande le renvoi à demain pour refuter les arguments de M. Lacascade.

DIX-SEPTIÈME SÉANCE. — 13 JANVIER 1881

Continuation de la discussion sur la taxe différentielle à imposer aux sucres turbinés.

M. LE PRÉSIDENT. La parole est à M. Souques.

M. SOUQUES. Hier, j'ai fait au conseil le long historique de l'impôt sur les sucres; je n'ai pas voulu qu'il pût subsister de doute à ce sujet, et j'ai présenté des textes qu'il est facile de contrôler car ils sont dans le recueil de notre législation; j'ai fait une comparaison entre l'impôt foncier tel qu'il existe en France et l'impôt foncier colonial; j'ai demandé l'assimilation avec la France, cette assimilation si énergiquement réclamée sur tous les points par le conseil général lui-même; j'ai démontré qu'aucune égalité n'existait chez nous dans l'impôt, et, au nom des sentiments de justice et d'équité qu'invoquait hier M. Lacascade, j'ai, demandé le cadastre, parce que le cadastre seul peut assurer l'égalité dans la répartition des charges.

Je vais toucher à un autre côté de la question, côté moins aride, plus tangible pour ainsi dire, plus facile à comprendre.

On m'a reproché d'user d'arguments spécieux. Le conseil général, dans sa conscience, appréciera si mon raisonnement s'appuie sur des textes probants ou sur des assertions en l'air. Il ne suffit pas d'affirmer, il faudrait prouver que je me suis trompé ou que j'ai trompé le conseil. Je pourrais renvoyer l'accusation à mon contradicteur et démontrer que ce n'est pas moi qui me sers d'arguments spécieux, mais bien lui. Je n'en ferai rien; je laisserai le conseil juge entre nous et je suis convaincu que dans sa conscience, il me rendra justice.

On a dit que l'usine faisait consommer dans le pays des sucres qui ne payaient pas l'impôt; que cela criait vengeance, et cette vengeance, on l'a trouvée dans la taxe nouvelle proposée. Examinons donc ce que la colonie produirait de sucre si l'usine disparaissait.

J'ai démontré hier par des documents irréfutables que si toutes les cannes étaient traitées dans des fabriques ordinaires, la production serait de 49,000 barriques de sucre qui produiraient en principal au budget 490,000 francs, tandis que, avec les usines, la production est de 70,000 barriques, rapportant 700,000 fr. : différence 210,000 francs. Ce sont ces 210,000 francs que, selon M. Lacascade, l'usine rapporte à la colonie; il aurait pu ajouter :

en droits de sortie seulement. Il reconnait lui-même qu'une partie du sucre obtenu par les procédés industriels supporte l'impôt foncier, et cependant il veut établir un droit pour compenser la perte que subit la colonie par la consommation locale.

Mais le chiffre de cette consommation, on le connait, il est de 2,000 barriques, ce qui représente 20,000 francs de droits. Et pour 20,000 francs que perd le fisc, M. Lacascade, par sa proposition, demande 350,000 francs en compensation, ou 175,000 fr. si les conclusions de la commission étaient adoptées!

D'ailleurs, ces 20,000 francs, qui les payerait s'ils pouvaient être recouvrés? Nous sommes tous d'accord que ce serait un impôt de consommation; eh bien, je m'adresse à tous les hommes d'affaires de cette assemblée : est-ce que ce n'est pas une loi économique indiscutable que le prix de la marchandise est augmenté des frais qu'elle supporte? que le marchand met l'impôt dans sa facture? S'il est vrai que l'impôt soit payé par le consommateur, je demande comment on peut reprocher aux usines de se l'approprier; c'est le consommateur qui en bénéficie. La théorie de M. Lacascade ne saurait donc être admise; elle est sans précédent et contraire à la vérité économique.

Je ne veux pas aborder la question de ce que coûtent et de ce que rapportent les usines; je pense que ce point sera traité par d'autres de mes collègues dans leur argumentation; s'ils l'avaient négligé, je demanderais la permission de revenir sur ce sujet.

Je passe à un autre ordre d'idées.

M. Lacascade dit qu'en 1868 j'ai supplié le conseil général d'ajourner la surtaxe qu'il voulait imposer sur les sucres d'usine. Quand devant une assemblée délibérante, on emploie les expressions les plus courtoises, je ne comprends pas que douze ans après, on vienne en tirer un argument railleur contre vous. Je n'ai jamais varié, et vous me trouverez toujours le même; je crois qu'un conseiller général doit se présenter toujours avec une attitude convenable et des arguments sérieux. En 1868, je soutenais que le droit de sortie est, par sa nature, une contribution directe perçue pour plus de commodité au moyen du mode appliqué aux matières de contributions indirectes; je produisais à l'appui des textes que l'on pouvait contrôler, et que j'ai replacés sous vos yeux hier. Ceci établi, je disais au conseil général : en matière d'assiette et de mode de perception des contributions et taxes, le sénatus-consulte de 1866 a institué un législateur à deux degrés : le conseil général au premier degré par sa délibération, le chef de l'État au deuxième degré par son approbation. Le chef de l'État ne peut rien sans le conseil général, et le conseil général rien sans le chef de l'État. Vous pouvez donc, par votre délibération, si elle est approuvée, modifier l'assiette de l'impôt et faire d'une contribution directe une contribution indirecte. Mais alors il s'agit d'examiner si l'industrie que vous voulez frapper peut supporter la charge que vous lui imposerez; il ne faut pas considérer seulement les capitaux engagés: il y a des affaires qui sont bonnes, il en est qui ne le sont pas; il faut donc avant tout considérer le revenu. Eh bien, le moment n'est pas venu; avant de demander à l'industrie sucrière perfectionnée des droits plus élevés, attendez que la prospérité soit rétablie, que le pays soit entré dans la voie du progrès et de la fortune.

Ce que je disais au conseil général en 1868, je vous le répète aujourd'hui, car vous êtes toujours le législateur et vous pouvez par votre délibération modifier l'assiette de l'impôt. Mais quel est celui qui peut soutenir que les usines réalisent des bénéfices? J'aperçois parmi vous des hommes qui pourraient répondre à cette question. La vérité est que l'industrie se débat ici dans des difficultés sans cesse renaissantes. Il en est de même en France pour l'industrie betteravière; et c'est quand les journaux retentissent des plaintes de l'agriculture, c'est quand le gouvernement prononce un dégrèvement qui ramène l'impôt sur les sucres de 70 à 58 francs, que vous songeriez à augmenter la charge énorme qui pèse déjà sur les usines! En France, assurément le consommateur va profiter du dégrèvement; mais l'industrie espère que la situation se rétablira par une extension de la consommation. Ici, on ne peut pas faire entrer le droit de sortie dans la facture; une fois parti, le sucre n'a plus de nationalité; il subit le prix du marché sur lequel il se présente. Au moment où la France fait tous ses efforts pour diminuer les souffrances de l'industrie sucrière, vous voulez aggraver sa position ici! Mais si l'industrie coloniale ne fait pas vivre celui qui l'entreprend, vous vous demanderez si on peut augmenter les charges de cette industrie qui, pendant deux, trois, cinq ans, ne donne rien à ses actionnaires, rien à ses créanciers; qui ne se soutient qu'à l'aide du crédit métropolitain; et qu'on ne conserve que dans l'espoir de temps meilleurs. Vous reconnaîtrez que ce serait une injustice flagrante, que ce serait tuer la poule aux œufs d'or. En 1868, on proposait le même droit; s'il eût été voté, les fabriques auraient eu à payer en plus 350,000 francs par an, et pour dix ans, avec l'intérêt composé, plus de 5,500,000 francs. Je vous le demande, quelle aurait été la situation des usines, si on avait extrait de leur caisse ces 5,500,000 francs? Il aurait fallu les demander aux capitaux de la métropole, et ceux-ci, effrayés de la marche progressive des impôts, les auraient refusés. L'usine écrasée aurait disparu. Je n'ai pas à vous dire quelle aurait été pour la colonie la conséquence de sa disparition.

Je passe au procès intenté à la colonie de la Guadeloupe par le gérant de l'usine d'Arboussier, dont a parlé M. Lacascade, et à ce qui s'est passé à la Martinique.

A la Martinique, depuis 1850, le droit à la sortie était perçu non sur la quantité de sucre exportée, mais sur la valeur des sucres déterminée par la mercuriale, sans distinction de qualité; en d'autres termes, l'assiette était, non le poids, mais le prix moyen. En 1871, le conseil général, par une délibération, changea l'assiette de l'impôt et établit une différence de droit entre le sucre brut et le sucre blanc. Le conseil général avait-il ce pouvoir? Evidemment; le sénatus-consulte de 1866 le lui donnait; il légiférait au premier degré, et sa délibération avait été provisoirement approuvée par le gouverneur.

M. Eustache, propriétaire d'usine à la Martinique, demanda la restitution des taxes indûment perçues selon lui. Il invoquait deux moyens : le premier était tiré de l'origine inconstitutionnelle du conseil général, qui avait été constitué en vertu du décret du 3 décembre 1870 émanant du gouvernement de la Défense nationale, qui était lui-même inconstitutionnel. A quoi M. Martineau, avocat de la colonie, répondait : Comment pouvez-vous dire que le gouvernement du 4 septembre est inconstitutionnel, quand vous-même vous vous appuyez sur un décret émanant du gouvernement provisoire de 1848, qui était, lui aussi, un gouvernement inconstitutionnel?

En second lieu, M. Eustache soutenait que le conseil général n'avait pas le droit de modifier l'assiette de l'impôt.

Est-ce la théorie que j'ai soutenue? Non; je n'ai jamais contesté au conseil général le droit de délibérer sur les changements à apporter à l'assiette de l'impôt. Il n'y a donc aucune similitude entre le procès de M. Eustache et celui intenté par le gérant de l'usine d'Arboussier.

Que réclamait la société E. Souques et Cie? Elle disait que le droit à la sortie étant un impôt foncier direct ne pouvait frapper que le sucre considéré comme signe et manifestation des produits du sol, mais ne pouvait porter sur le sucre considéré comme produit industriel. Alors, sans avoir à considérer la valeur des sucres, puisque cette valeur n'avait pas été envisagée par le législateur, MM. Souques et Cie prétendaient que le droit à la sortie ne pouvait être perçu que sur les sucres de la fabrique représentant le produit du sol, c'est-à-dire sur la partie de ce produit revenant au propriétaire du sol, et non sur l'excédent de ce produit obtenu par les machines perfectionnées de l'usine, c'est-à-dire par l'industrie.

S'agissant du droit de sortie et d'une contestation née sur ce droit, toujours considéré par tous dans la colonie comme une contribution foncière directe, MM. Souques et Cie ont porté leur demande devant le conseil privé, aux termes de l'ordonnance du 9 février 1827 qui attribue à ce conseil le contentieux des contributions directes.

L'administration, qui, quoi qu'elle puisse dire aujourd'hui, avait toujours considéré le droit de sortie comme une contribution foncière directe, a parfaitement accepté la compétence du conseil privé. Ce conseil se reconnaissant compétent, vu la nature de la contestation, a statué au fond et a débouté MM. E. Souques et Cie de leur demande.

Pourvoi au conseil d'État.

M. Brugnon y plaidait pour MM. Souques et Cie; M. Dancongnée, jurisconsulte très distingué, soutenait la cause de l'administration ; M. Tétreau, maître des requêtes, était rapporteur. Ni dans les mémoires, ni dans le rapport de M. Tétreau, on ne voit surgir une exception d'incompétence. Mais M. David, commissaire du gouvernement, soutient que la taxe étant inscrite au budget colonial sous la rubrique : *Droits perçus sur liquidation*, avait le caractère d'une contribution indirecte pour laquelle la compétence appartenait aux tribunaux ordinaires. C'est cette donnée que le conseil d'Etat a acceptée dans son arrêt.

Il y avait là une erreur de fait considérable causée par les documents erronés transmis par l'administration.

Jusqu'en 1869, en effet, le droit de sortie a figuré dans le budget au rang des contributions directes; à partir de 1869, l'administration, qui n'avait aucun pouvoir pour cela, l'a transporté du chapitre des contributions directes à celui des taxes indirectes ; c'était modifier l'assiette de cette contribution, et cette modification ne pouvait être opérée que par une délibération du conseil général, qui n'a jamais été rendue. L'administration avait donc commis une illégalité, et le conseil d'Etat, qui ne juge que sur les textes, a été induit en erreur.

Cette erreur ne peut être réformée que par un arrêt du tribunal des conflits. Donc rien n'est préjugé au fond, et le droit de la société E. Souques et Cie n'est pas périmé.

Telle est la réponse que nécessitait sur ce point le discours de M. Lacascade.

Comparez maintenant, Messieurs, la situation des autres colonies à la nôtre : à la Martinique, où les usines sont plus prospères qu'à la Guadeloupe, le budget est de 500,000 francs inférieur au nôtre pour les droits de sortie; à la Réunion, qui a la même production que nous, 50,000,000 de kilogrammes de sucre, ce même droit est en principal et accessoires de 750,000 fr., tandis que nous payons 1,250,000 francs. Ces chiffres ont été relevés par moi-même au ministère de la marine. Ainsi, notre contribution est plus forte, nos droits d'octroi plus élevés, alors que notre industrie est dans un état d'infériorité.

Vous vous direz, Messieurs, dans votre conscience, que les arguments que je vous ai fournis sont fondés; que cette industrie que l'on veut frapper encore et qui a été créée par les capitaux métropolitains, a bien mérité de la colonie qu'elle soutient; vous ne voudrez pas écraser ces capitaux qui s'épouvanteront et nous fuiront; ce serait tarir la source de notre crédit. Votre devoir est de sauvegarder la situation économique du pays.

Comme en 1868, au nom de l'équité, au nom du principe d'égalité, je vous prie, je vous supplie d'écarter la surtaxe qui vous est imposée.

M. Le Dentu. Lorsque j'ai lu dans le rapport de la commission financière qu'elle croyait obéir à un sentiment d'équité en vous proposant la surtaxe des sucres turbinés, je me suis dit : La bonne foi de cette commission ne saurait être mise en doute; il est tout naturel que ceux qui ne se livrent pas spécialement à l'étude du droit, étude toujours difficile même pour ceux qui en font profession, il est tout naturel que ceux qui ne sont pas mêlés aux choses de l'agriculture et de l'industrie coloniale, soient séduits par cette idée réellement séduisante à première vue : un produit qui vaut plus, doit supporter plus d'impôt. Mais derrière cette idée séduisante, il y a une erreur, et je cherche vainement comment la thèse de la commission pourrait se rattacher à l'équité.

L'équité consiste à accorder à certains intérêts sacrés ou au moins respectables, une protection étendue jusqu'à l'extrême limite où la loi serait violée. Outre qu'ici la loi serait violée, je me demande quels sont ces intérêts respectables qui veulent que le sucre d'usine soit surtaxé? Ce n'est ni l'intérêt de l'ouvrier travaillant à l'usine, ni celui du planteur, ni celui de la colonie qui doit vouloir que ses budgets soient à l'abri de toute atteinte; ce n'est pas non plus l'intérêt du conseil général qui doit désirer que ses travaux soient inattaquables. Tous ici nous sommes unis par les liens d'une étroite solidarité, et à raison de cette solidarité même, je viens vous dire : Je dégage ma responsabité de toutes les conséquences juridiques que pourrait entraîner un vote conforme aux conclusions de la commission.

Avant d'aborder la discussion, il n'est pas inutile de rechercher quel a été le rôle de l'industrie à la Guadeloupe depuis vingt ans; il en a été question déjà à l'occasion de l'immigration, mais c'est le cas d'y revenir. L'usine a opéré la transformation économique et commencé la transformation sociale de la colonie. Avec l'aide de l'immigration, elle a assuré l'indépendance du travailleur créole, elle a créé l'ouvrier industriel, le petit planteur; l'industrie coloniale peut donc inscrire sur sa bannière : *Liberté*. Autrefois, il existait une culture privilégiée, aristocratique, celle de la canne à sucre; l'usine centrale a mis cette culture à la portée de tous. L'industrie coloniale peut donc inscrire sur sa bannière : *Égalité*. Enfin, dans un pays où il existe des divisions que nous voudrions tous voir cesser, il fallait un terrain de rapprochement : l'usine, et surtout l'usine par actions, a opéré le rapprochement des intérêts, prélude des autres rapprochements. L'industrie coloniale peut donc inscrire sur sa bannière : *Fraternité*. Ainsi donc, quiconque prend ici la défense de l'industrie a le droit d'invoquer cette trilogie que symbolise à nos yeux la figure de la République que nous avons saluée il y a quelques jours de nos acclamations.

Il a été fait appel à notre patriotisme; le patriotisme peut être égal que l'on soit favorable ou contraire aux conclusions de la commission.

Industriel et planteur de cannes de fraîche date, je suis à l'aise, car mon opinion est bien antérieure à l'époque où j'ai songé à créer une usine. Il vient d'être beaucoup question de la session du conseil général de 1868; de gros documents signés de moi ont été alors produits dans cette assemblée. Je ne me flatte pas que ces documents aient exercé une influence sur les déterminations du conseil; mais ils prouvent du moins que l'opinion que je viens soutenir aujourd'hui ne prend pas sa source dans un intérêt professionnel.

Le droit et l'équité sont inséparables; toutefois, comme le premier point de vue a été traité remarquablement par l'orateur qui m'a précédé, sans l'abandonner, je m'attacherai plus particulièrement à la question d'équité; je vais, comme on dit au palais, plaider principalement au fond.

Revenons aux principes élémentaires en matière d'impôt. Quand nous parcourons un budget de la France, nous constatons que les contributions se divisent en deux classes : les impôts directs et les impôts indirects. Laissons de côté les autres charges représentant la rémunération d'un service rendu : la poste qui transporte nos lettres, l'enregistrement qui rend un service juridique, les monopoles enfin, parce que l'État livre contre de l'argent soit des objets corporels, soit une jouissance; ce ne sont pas là des impôts. L'impôt est ce que paye le citoyen sans autre compensation que la sécurité générale que lui procure la société.

Le caractère distinctif de l'impôt direct est de frapper un capital susceptible de revenu, comme la terre ou une maison; le capital frappé est l'assiette de l'impôt; de sorte que pour connaître l'assiette d'un impôt direct, il faut se demander : Quel est le capital visé par le législateur?

Pour l'impôt indirect, les conditions changent; c'est un produit qui est frappé, mais, j'appelle ici toute votre attention; jamais l'impôt indirect ne frappe un produit en vue de ce produit lui-même, abstractivement de l'idée de l'emploi de ce produit, sans quoi l'impôt indirect serait un impôt sans contribuable. L'impôt vise toujours quelqu'un; dans l'impôt direct, c'est le propriétaire du capital frappé; dans l'impôt indirect, c'est le *consommateur*.

Quand on dit : des *droits d'entrée*, cela s'entend économiquement; le mot *entrée* éveille l'idée d'un emploi; la marchandise est soumise à un droit, non parce qu'elle entre, mais *parce qu'elle entre pour être consommée*. Mais l'expression : *droit de sortie* ne dit rien à l'esprit; est-ce que *la sortie* peut être l'objet d'un impôt? C'est bien un acheminement vers la consommation, mais où la marchandise sera-t-elle consommée? Dans le pays de destination, et le droit de consommation perçu enrichira un autre fisc. Donc au point de vue du budget de la colonie, le droit de sortie envisagé comme droit de consommation, comme impôt indirect, constituerait un impôt sans contribuable. Donc, il est évident que ce droit n'est que le mode de perception d'un impôt. De quel impôt? D'un impôt direct, car on peut dire des impôts directs et indirects ce que disait le professeur de langage de M. Jourdain : Tout ce qui n'est pas prose est vers et tout ce qui n'est pas vers est prose.

Si donc nous sommes en présence d'un impôt direct, quel sera le capital visé, l'assiette de l'impôt? Il n'y aura pas de doute si je vous prouve qu'à l'époque où le législateur a prononcé il n'existait qu'un seul capital qu'il ait pu envisager. En 1763, en 1810 et même en 1848, ce capital unique c'était le sol cultivé. L'industrie n'existait pas. On a parlé de quatre usines fondées en 1843; si on les compare aux établissements perfectionnés d'aujourd'hui, on reconnaîtra que c'étaient des fabriques rudimentaires; c'était l'enfance de l'art. Elles n'avaient pas de triple effet; elles ne cuisaient pas en grain dans le vide; les jus s'égouttant sur de gros tubes pleins de vapeur appelés *jeux d'orgue*, s'oxygénaient au contact de l'air libre et ne pouvaient produire de sucre blanc. Enfin, la *turbine* n'existait pas encore. L'industrie n'a réellement existé qu'à partir de la création des usines perfectionnées.

Que s'est-il produit alors? On a vu deux capitaux au lieu d'un concourir à la recette de l'impôt foncier, qui, à cause de l'augmentation du rendement produite par l'usine, s'est accrue de 40 pour

100; résultat colossal. Bien difficiles sont ceux qui ne s'en contentent pas!

Si, avant 1848, l'industrie n'existait pas, il est certain que l'arrêté législatif de 1848, dernière loi sur la matière, n'a pu la viser. Et cette loi est encore en vigueur, à moins que nous n'ayons aussi, après trente-deux ans seulement, notre question de lois existantes qui n'existent pas. Or ce texte dit que le droit de sortie est un impôt *direct et foncier*.

Aujourd'hui on dit : il faut frapper la *qualité* du produit. Mais alors se représente la question dominante : un produit n'est pas une personne; il faut bien chercher quel est le contribuable à atteindre. En matière d'impôt indirect ce devrait être le consommateur; mais ce contribuable n'existe pas, nous l'avons vu; c'est donc l'industriel qu'on veut atteindre. Eh bien! je vais vous montrer que par le jeu naturel des lois économiques, par la force des choses, par un phénomène aussi impérieux que la loi physique de l'équilibre des liquides, par exemple, l'impôt ne restera pas sur la tête de l'industriel et qu'il sera forcément repassé au producteur de la matière première, au planteur de cannes...

M. Lacascade. Il est bien entendu que ce n'est pas une menace?

M. Le Dentu. En présence des expressions dont je me suis servi, je me demande comment l'idée d'une menace pourrait venir à l'esprit de personne. Je continue.

Une chose frappe dans les lois financières de France : c'est que l'industrie, toute riche qu'elle est, n'est frappée d'aucun impôt, sauf la modique contribution de la patente. Il faut bien qu'il y ait à cela une raison. La voici : placé entre le producteur des matières premières, contribuable de l'impôt foncier, et le consommateur, contribuable-né de l'impôt indirect, l'industriel n'est qu'un intermédiaire dans le rouage social, comme le commerçant ordinaire, avec cette seule différence que le premier achète, pour transformer et revendre, tandis que le second achète simplement pour revendre. Si donc un impôt le frappait, de même que le commerçant, il le rejetterait forcément ou sur le vendeur de sa matière première ou sur le consommateur de ses produits. Voilà pourquoi en France il n'existe d'impôt ni sur l'industrie, ni sur le commerce.

Ici, la situation est toute spéciale : d'une part, le consommateur fait défaut : d'autre part, l'industrie est liée envers les planteurs par des marchés à longs termes. Est-ce pour cette raison que vous voudriez la frapper? et alors, loin de faire de l'équité, n'auriez-vous pas l'air de frapper quelqu'un qui aurait les deux bras attachés?

Mais ces contrats qui lient l'industrie ne sont pas éternels; à un moment donné, il faudra les renouveler. A ce moment votre impôt, que l'industrie aura subi temporairement, ira grossir les charges déjà accablantes du planteur, en l'absence d'un consommateur duquel il devrait être normalement répété. Si donc c'est l'industrie que vous entendez frapper — et vous l'avez dit — vos intentions seront trompées. Est-ce là encore de l'équité?

J'arrive à la perception du nouvel impôt proposé sur tous les sucres *turbinés*. Le fait du *turbinage* d'un sucre quelconque étant la seule condition requise pour qu'il soit soumis à la surtaxe, quelle qu'en soit la valeur, j'entrevois d'ici, dans la pratique, ce que je me permettrai d'appeler des énormités économiques. Les usines font des sucres de trois jets au moins. S'il est vrai que le sucre de 1er jet vaut plus que le sucre *bonne quatrième*, ceux de 2e et de 3e jets ne valent pas plus; souvent même ils valent moins parce qu'ils sont turbinés en roux, c'est-à-dire non blanchi, ce qui, par parenthèse, profite au budget, car alors le sucre étant moins purgé, le rendement augmente et le droit de sortie aussi. Je connais une usine dont les sucres de 2e et 3e jets, ainsi turbinés, ont produit net par 50 kilogrammes, pour les deux dernières campagnes, 60 et 75 centimes de moins que la bonne quatrième. L'industriel présentera à l'exportation un lot de sucre de 3e jet le même jour et en même temps qu'un lot de sucre d'habitant sera aussi présenté. Que lui dira le fisc? Votre sucre vaut moins que l'autre, mais comme il est turbiné, il payera plus quoique valant moins. Il est vrai qu'il ajoutera : vous rattrapperez cela le jour où votre sucre de 1er jet sera exporté à son tour. C'est une moyenne que je fais de la plus-value de l'ensemble de vos produits.

Est-ce admissible, Messieurs! Peut-il y avoir des moyennes en matière de perception? Ne faut-il pas considérer en lui-même le produit frappé dans le moment? Une surtaxe devrait être fondée sur une plus-value réelle, mais non sur une présomption légale de plus-value. Il faudrait ou des types ou le saccharimètre, quelque chose enfin établissant la valeur de chaque barrique de sucre frappée par l'impôt.

En effet, supposez qu'après la perception de la surtaxe faite sur le sucre de bas produit, le sucre blanc ne vienne pas à son tour se soumettre au fisc, que devient cette moyenne de perception? Eh bien! ce sera le cas si ce sucre est consommé dans le pays. Ce sera encore le cas — et un cas bien plus grave — si ce sucre blanc n'existe pas. C'est le fait des petites usines dites *bourbonniennes* qui ne font pas de sucre *d'usine* et qui pourtant turbinent tous leurs produits. Quelle est donc la situation que vous leur faites? On a même vu, je puis l'attester, certains habitants turbiner leur sucre brut. Ce sucre payerait aussi la surtaxe. Voilà où en arrive la perception proposée.

Je termine, Messieurs, en vous parlant encore du dégrèvement partiel des sucres appliqué en France depuis le 1er octobre et dont il a déjà été parlé dans cette discussion. Il appartenait au gouvernement de la République de prendre l'initiative d'une mesure généreuse tendant à soulager non seulement le consommateur de sucre, mais encore l'industrie sucrière qui souffre même dans le riche pays de France, ce qui prouve combien, dans la colonie, elle doit être ménagée! Vous lisez les journaux, Messieurs, vous avez vu avec quelle satisfaction M. le ministre des finances est venu rendre compte au parlement, dans une séance récente, des premiers effets de la nouvelle loi. Dix millions de déficit avaient été prévus par suite de l'abaissement des droits pour les deux mois d'octobre et de novembre. Or, ce déficit n'a été en réalité que de deux millions et demi. Certes, le gouvernement avait le droit d'être fier d'un pareil résultat! Aussi n'est-il pas surprenant que des applaudissements partis des bancs de la majorité en aient salué la nouvelle : c'était en effet la justification éclatante d'une mesure qui avait été vainement critiquée : par qui, Messieurs? Par les ennemis de la République.

DIX-HUITIÈME SÉANCE. — 13 JANVIER 1881

Continuation de la discussion sur la surtaxe des sucres turbinés.

M. Sébastien. Messieurs, après avoir entendu les divers orateurs dont le talent et la compétence bien connus viennent de s'affirmer de nouveau devant vous, il m'appartiendrait de me taire. Mais ma conscience m'ordonne de parler, dussé-je n'avoir qu'un mot, un seul mot à dire.

M. Souques, dans le but de nous éclairer, nous les nouveaux venus, a bien voulu nous faire l'historique de la contribution foncière et du droit à la sortie. Pour ma part, je l'en remercie. Il a porté la discussion sur un terrain où nous nous trouvons parfaitement à l'aise. Mais il n'y a à cela qu'un dommage, c'est de le voir nous montrer, par anticipation et comme épouvantail, le ministre de la marine, le Président de la République brisant notre décision. Ne serait-ce pas ce qu'on appelle procéder par voie d'intimidation? Oh non! Les égards que l'on se doit entre collègues mettent M. Souques à l'abri d'un tel soupçon. Nous avons tous accepté notre mandat, non pas pour ce titre pompeux de conseiller général, mais bien pour servir et défendre les intérêts du pays avec amour et indépendance. Par avance nous en avons accepté toutes les responsabilités.

En dehors d'une vive critique qu'il a adressée au parti auquel j'ai l'honneur d'appartenir, critique que nous laissons passer, car nous savons, quoi qu'on dise, tenir compte à chacun de sa situation d'esprit, M. Dubos a fait un appel aux consciences au nom de l'industrie, au nom d'un intérêt parfaitement respectable, digne de toute notre sollicitude.

Portons-nous donc sur le terrain qu'il nous désigne, et examinons si, au point de vue de nos attributions et de la justice, cette surtaxe peut être votée; examinons si, à la sortie, le sucre turbiné n'est que le produit de l'industrie, de l'industrie déjà frappée d'un droit de patente.

Je ne remonterai pas pour cet examen à cette époque ténébreuse de la société coloniale, que notre honorable collègue et ami, M. Célestin Nicolas, appelait l'année dernière : *La nuit des temps*. Ce n'est certes pas la honte de relire cette histoire du passé. La honte! Oh non! elle n'existe pas pour ceux qui ont grandi quand même, qui aujourd'hui envisagent le présent avec sérénité et voient l'avenir souriant présenter, distribuer les palmes de la victoire à tous; oui, à tous ceux qui se rallieront sincèrement à ces idées nobles et généreuses de progrès et de justice.

Que voyons-nous tout d'abord, Messieurs? Le droit à la sortie classé aux contributions indirectes. Que voyons-nous encore? le régime des denrées de même provenance que le sucre modifié par des détaxes, a été supprimé par la volonté souveraine du conseil général.

Et en effet, quel était le droit à la sortie sur le cacao? 5 fr. les 100 kilogrammes.

Quel est-il aujourd'hui? 2 francs.

Quel était le droit à la sortie sur le roucou? 5 francs.

Quel fut-il de l'année 1872 à 1873? 2 fr. 50 cent.

De 1878 à ce jour? 1 fr. 25 cent.

Le droit à la sortie sur le coton, fixé à 2 francs les 100 kilogrammes, se trouve aujourd'hui supprimé.

Le sirop, indemne de toute taxe antérieurement à 1873, est soumis depuis à un droit à la sortie de 1 franc l'hectolitre.

Mais, puisqu'on a parlé de l'impôt foncier, je rappellerai à M. Souques qu'il a dit au conseil général et avec son assentiment, dans la séance du 28 novembre 1871 :

« Je conteste à l'administration le droit de frapper les bâti-
« ments de l'usine d'Arboussier de l'impôt locatif, cette contri-
« bution me paraissant incompatible avec le droit à la sortie
« que je suis *tenu* d'acquitter sur les produits spéciaux de mon
« industrie, et ceci est en contradiction flagrante avec le texte
« dont je vais vous donner lecture. »

Comment, messieurs, voici un négociant qui échange des marchandises contre du sucre brut, du sucre manufacturé; il expédie ces denrées sur un marché d'Europe où il espère trouver des prix rémunérateurs, et il viendrait dire ensuite à l'administration : « Vous exempterez mon établissement de l'impôt foncier, car je paye un droit de sortie sur les sucres que j'achète pour faciliter mes opérations commerciales. »

Qui donc, je le demande au conseil, élèverait une pareille demande?

Il est question de reviser l'impôt de la patente industrielle. Combien de fois déjà n'en avez-vous pas changé les classifications? C'est ce qui a été fait en 1873; à cette heure-ci même, on se dispose à le tenter de nouveau. A cet égard vous allez délibérer *souverainement*, comme vous l'avez fait dans d'autres *circonstances*, et comme vous allez le faire encore à propos de la surtaxe des sucres.

Un dernier mot et j'ai fini; un mot sur ce double emploi qu'on voudrait trouver dans la patente de l'usinier et les droits de sortie qui lui sont réclamés.

Vous achetez des cannes, vous les fabriquez, vous vendez de fortes quantités de sucre dans le pays, et, nonobstant cet avantage, la patente devrait vous mettre à l'abri de toute augmentation d'impôt à la sortie!... Mais s'il en était ainsi, votre protestation aurait la même valeur dès à présent, lorsqu'il ne vous est demandé que le droit de 2 francs à la sortie. Mais trêve de contestations.

Nous croyons sainement apprécier les choses, et, soyez-en convaincus, nous ne franchirons pas les limites de nos attributions, pas plus que nous ne commettrons un acte injuste. Si le conseil général était, depuis dix ans, ce qu'il est aujourd'hui, M. Lacascade, l'auteur de la proposition, n'aurait pas eu la peine d'y revenir avec cette persistance qui l'honore. Oui, Messieurs, la colonie aurait bénéficié d'un surcroît de ressource de plus d'un million qui lui eût servi à doter plus largement l'agriculture, l'agriculture, cette source de richesses et de prospérité.

M. Isaac. Messieurs, ce n'est pas sans hésitation et sans incertitude que je prends la parole dans cette discussion où je sens que je me trouverai entre un groupe dont je regretterai de me séparer, même en cette question, et l'autre groupe à qui je ne plairai pas davantage. Quoi qu'il en soit, je donne mon opinion. Vous en ferez ce que vous voudrez.

Dans cette grave question qui se soulève sur la surtaxe des sucres, une question secondaire s'est présentée que notre collègue, M. Souques, a longuement développée hier. M. Souques nous a dit que le droit à la sortie, c'est l'impôt foncier; que le droit à la sortie, c'est la représentation de l'impôt de capitation qui était un impôt direct.

M. Souques nous a cité des textes et des autorités. De toutes ces autorités, celles qui se présentent de la façon la plus nette ressortent de l'arrêté d'octobre 1831 et de la loi de 1841 qui classent d'une façon formelle les droits de sortie parmi les contributions directes.

Mais à côté de ces textes, dont le plus ancien date, comme je viens de le dire, de 1831, c'est-à-dire d'une époque déjà bien éloignée de l'origine même de ces impositions, il y a d'autres textes et d'autres autorités ou plus anciennes ou plus modernes qui établissent aussi formellement le contraire.

Il y a, entre autres, une décision ministérielle du 7 mai 1818, qui classe les droits à la sortie, remplaçant la capitation, parmi les contributions indirectes.

Il y a des arrêts de la Cour de cassation que M. Souques doit connaître mieux que personne.

Si vous voulez, Messieurs, entre ces autorités contradictoires vous former une opinion, il suffit de remarquer qu'il s'exerce parallèlement un impôt sur les nègres de culture et sur les denrées à l'exportation française ou étrangère, que ce droit s'augmente parfois du montant d'impositions extraordinaires; mais bien qu'il puisse être considéré à certaines époques comme composé de deux parties : droit dit de poids 1 pour 100 et droit de sortie proprement dit, et même plus tard de trois parties : droit de poids, droit de sortie et droit du domaine d'occident perçu dans les colonies, il n'en es pas moins vrai que tous ces droits ne constituent qu'un droit d'exportation.

Si l'on peut trouver des dérogations à ces règles, comme pendant l'occupation des Anglais, comme aux premiers temps de la réoccupation française, ces irrégularités dépendent de conditions essentiellement transitoires. Il ressort donc de l'étude de l'origine de cette imposition, que le droit de sortie, lorsqu'il finit par remplacer la capitation, représentait en fait au moins deux impôts : la capitation et les anciens et divers droits d'exportation.

M. Souques, après avoir établi que le droit de sortie est l'impôt foncier, en vient au parallèle des conditions de cet impôt en France et dans notre pays. Il énonce des chiffres, il oppose des résultats. D'après son calcul dont il ne nous a pas fait connaître le secret, il établit que l'impôt foncier est en France de 4.24 pour 100 du revenu net du fonds. Je ne connais pas les données qui lui ont fourni cette solution, et je ne cherche pas à les découvrir, mais je connais d'autres solutions aussi autorisées peut-être et qui diffèrent bien de la sienne.

Le revenu net des immeubles et des propriétés bâties était, en France, en 1874, de 3 milliards 959 millions, dont l'impôt foncier seul, abstraction faite de toute autre taxe grevant la terre, prélevait 8 1/2 pour 100. Mais aujourd'hui cette vérité est encore dépassée. De nouveaux impôts ont continué à augmenter les charges du contribuable.

Vous le savez, la cause de ces aggravations remonte à la guerre de 1870. Et, bien qu'on ait fait à ces impôts nouveaux le reproche d'être des contributions indirectes et de ménager la fortune territoriale, bien qu'on ait jugé équitable que celle-ci eût donné une plus importante assistance, il est certain qu'elle a une part énorme dans ses charges. Elle est la plus grevée, et l'on s'accorde à dire que sur les 600 millions de taxes directes qui sont perçues en France les deux tiers proviennent d'elle seule à peu près.

M. Victor Bonnet, dont on aime à invoquer l'autorité, tient qu'en France la fortune immobilière paye 17-18 pour 100 de ses revenus. M. du Puynode, une autre autorité, ajoute qu'à son avis la proportion va encore au delà.

« Combien de nombreuses et lourdes contributions, dit-il, ont atteint indirectement, depuis quelques années, cette forme de la richesse ! N'est-ce pas elle, effectivement, qui souffre le plus des droits d'enregistrement et de timbre qui dépassent infiniment en France les droits semblables de l'étranger? »

Remarquons que les droits d'enregistrement sont bien autrement élevés en France que dans notre pays.

« Ne sont-ce pas les produits qu'elle vend ou qu'elle achète qui, à raison de leur poids et de leur volume, sont les plus grevés par les taxes de transport? »

Inutile d'ajouter que nous n'avons point ici de taxes de transport.

« Et d'où proviennent aussi, pour la plus grande portion, nos 700 millions d'impositions départementales ou communales? Quelle richesse souffre le plus d'une telle charge, si ce n'est celle qui paye les deux tiers du principal? »

Mais sans aller si loin, je remarque une lacune dans les chiffres et le raisonnement de notre collègue.

L'hectare produit 40,000 kilogrammes de cannes. Ces cannes donnent chez l'habitant 2,800 kilogrammes, et à l'usine 4,000 kilogrammes.

Le droit de sortie de 2 francs constitue pour le premier un impôt de 56 francs par hectare et de 80 francs pour l'autre. Et c'est ce droit de 56 et de 80 francs que M. Souques met en regard des 40,000 kilogrammes de cannes, produit originaire de la terre. Or, ce droit de sortie n'est pas prélevé sur la valeur en cannes de l'hectare, mais bien sur le produit manufacturé et destiné à l'exportation. La valeur de ce produit manufacturé, qu'il sorte de l'usine ou de l'habitation sucrière, est nécessairement supérieure à la valeur des cannes, ou coupées, ou sur pied. Cette transformation a nécessité des frais, sans doute, mais elle a augmenté la valeur de la matière dans une mesure assurément plus élevée encore. Sinon l'industrie sucrière n'aurait pas sa raison d'être.

Toutes ces contestations qu'on soulève, Messieurs, reviennent, comme je le disais dernièrement ici même, à des contestations sur le prix de revient et le bénéfice suffisant. Ces mêmes contestations se sont produites en France. Je ne puis mieux faire que de rappeler sommairement ce que je disais déjà, en m'appuyant sur l'autorité d'un de nos économistes les plus distingués.

Les prix de revient varient suivant l'habileté de chaque producteur. Il y a dans la même industrie des producteurs qui s'enrichissent et d'autres qui se ruinent. Et le succès tient précisément à ce que le prix de revient n'est jamais égal dans la même industrie, tandis que le prix de vente l'est à peu près toujours. Et comment constater ce prix de revient? Tout producteur, ajoute notre économiste, n'a-t-il pas intérêt à le cacher? Pour ma part, je serai moins hardi et je n'irai pas jusqu'à suspecter les documents qui nous sont communiqués. Je prends les chiffres qu'on propose, et je demande quelle est la valeur des 2,800 kilogrammes de sucre d'habitant, quelle est la valeur des 4,000 kilogrammes de sucre d'usine?

Quant au bénéfice suffisant, celui qui suffit à l'un ne suffit pas à l'autre. Le bénéfice se multiplie suivant l'habileté du vendeur, les débouchés qu'il sait se ménager, l'économie qu'il apporte dans la dépense même de ce bénéfice.

Notre collègue ne s'arrête pas aux habitations sucreries, il ajoute, en ce qui concerne l'usine, que le rendement de 10 pour 100 qu'elle obtient et le bénéfice de 1,200 kilogrammes de sucre qui lui revient sur le rendement d'un hectare, sont le fruit de son industrie, qu'elle a fait d'ailleurs des frais supplémentaires pour y parvenir et qu'on n'a pas à imposer l'industrie.

Nous n'envisageons point s'il y a une industrie à imposer, si on ne peut le faire que par une patente. Prenons la question sur son véritable terrain. Il s'agit de deux produits qui ont une valeur différente. Si l'un coûte plus de frais au fabricant, il lui rapporte aussi davantage, et ce bénéfice est assurément plus élevé que les frais spéciaux à cette production perfectionnée. Sinon l'industrie du sucre perfectionné n'aurait jamais existé. Et lorsque voulant une juste répartition de l'impôt d'après les revenus de chacun, nous voulons demander plus au produit qui rapporte plus, on nous crie que cela ne se fait pas en France, et l'on demande le maintien de ce droit uniforme.

Cela ne se fait pas en France! alors pourquoi les vins ordinaires payent-ils *à l'entrée* 5 francs et les vins de liqueur 20 fr.?

Alors comment se fait-il qu'en France la commission du nouveau tarif des douanes n'ait pas adopté la quotité de 5 fr. 16 cent. et ait porté à 11 francs le droit d'entrée sur les poudres blanches étrangères? Par la raison que ces poudres blanches ne valent que 5 francs de moins que les raffinés qui payent 12 fr. 48 cent. de droit d'entrée. N'est-ce qu'un vain prétexte?

Mais supposons un moment que le droit à la sortie soit le représentatif absolu et complet de l'impôt foncier. Comment se détermine en France l'impôt foncier? Une terre étant donnée, cultivée ou inculte, pourvu qu'elle soit susceptible de culture, on commence par s'assurer de la nature des produits qu'elle peut donner, on en établit le revenu net approximatif. C'est ce que disait l'autre jour M. Souques, mais il n'insistait pas assez sur cette condition que le revenu net possible et non probable est calculé également pour une terre qui ne produit rien et que celle-ci paye la même somme d'impôt que la terre qui produit.

Mais vous voyez d'après ce mode de procéder que le revenu net change par la nature du produit ; il est des cultures qui rapportent beaucoup et d'autres qui rapportent moins. Cela seul établit qu'en France, pour l'impôt foncier comme pour les autres impôts, il existe une différence dans les taxes suivant les valeurs qu'elles veulent atteindre.

D'autre part, le droit perçu sur deux produits d'une égale valeur établit une protection en faveur du produit le plus cher. Et pourquoi favoriserions-nous le sucre turbiné? Est-ce que le travail purement agricole ne mérite pas autant nos ménagements que l'industrie usinière? Est-ce que l'usine est plus que l'habitation-sucrerie d'ordre public et d'utilité générale?

On a dit que l'usine avait sauvé des fortunes qui allaient périr. Je le veux bien. Les usines ont ressuscité des morts. Mais, suivant la frappante expression d'un membre même de cette assemblée, qu'ont-elles fait pour les vivants? Elles ont donné à l'habitant 5 1/2 pour 100, au petit planteur 5 pour 100 sur leurs cannes, lorsque eux-mêmes avec les anciens moyens d'action auraient pu en tirer 7 pour 100. Et ces cannes de l'habitant, l'usine n'en tire pas 7 pour 100, mais 10 pour 100. C'est donc la moitié du rendement qu'elle garde par devers elle. Que parle-t-elle encore de frais d'industrie qui compensent ses prix de vente plus élevés?

J'admets évidemment qu'elle a droit au payement du travail qu'elle fait pour l'habitant; mais la différence de 2 pour 100 entre le rendement compté à l'habitant et celui que l'habitant pourrait obtenir, paye peut-être ce travail, et le reste, supplément dû à l'industrie de l'usine, la récupère de ses frais spéciaux.

Quant à ce qui a été dit au sujet du petit planteur à qui l'usinier, tôt ou tard, demain ou dans dix ans, réclamera la restitution de cette surtaxe, je ne veux pas y voir une menace, comme l'ont craint certains membres de cette assemblée.

M. Lacascade. Je demande la parole.

M. Isaac. Je prends l'objection pour ce qu'elle est et n'en exagère point la force. Je ne crains pas de dire ici que ce sont là des questions qui se débattent sur le terrain des intérêts privés et trouvent leur solution dans l'équilibre naturel de ces intérêts. C'est le problème constant de l'offre et de la demande. Eh bien ! si la solution est contraire au petit planteur, il fera autre chose. Nous lui avons du reste facilité la tâche en votant des primes pour les cultures secondaires. Nul ne peut donc nous faire le reproche de l'avoir sacrifié.

Quelqu'un avait cité l'exemple du sucre terré qui payait des droits supérieurs au sucre brut. On répond par un raisonnement qui, pour être subtil, n'en est pas plus solide : à savoir que la fabrication du sucre terré n'ajoutait aucun élément au produit pris à la terre ; le fabricant se contentait de faire égoutter son sucre, qui perdait du sirop et autres matières, et par là diminuait en poids : trois barriques de sucre brut revenaient à deux barriques de sucre terré. Il était juste que le sucre terré rendît au fisc, par une élévation de droit, ce qu'il lui faisait perdre sur la quantité. Mais, ajoute-t-on, le sucre turbiné n'est pas dans la même condition, c'est le produit d'une industrie spéciale, qui demande des frais spéciaux et supplémentaires.

Dès lors, pas de surtaxe possible.

Qui ne voit le sophisme est aveugle.

Sans m'attarder à le réfuter, je citerai l'exemple de la France, et je rappellerai qu'en France, les sucres raffinés sont assurément le produit d'une industrie spéciale, sur frais spéciaux, que cette industrie, placée en dehors et au-dessus de l'industrie qui crée le produit originaire, prend ce produit, déjà à l'état de valeur livrable à la consommation, et le perfectionne, et qu'elle paye pour cela des patentes considérables bien autrement élevées que les patentes de nos rares usines qui payent patente ; je rappellerai que pourtant dans ces conditions le sucre raffiné, qui revient en France à 42 centimes la livre, paye en plus un droit de 36 centimes 1/2, tandis que le sucre non raffiné qui revient à 35 centimes la livre, paye en plus 34 cent. 1/2 de droit par livre.

L'auteur de la proposition de la surtaxe s'était basé sur une proportion qui surenchérit en moyenne de 50 pour 100 les sucres turbinés. Il est vrai que ces conditions se sont présentées déjà. Se représenteront-elles ? Ce n'est pas certain.

Cette proposition a été repoussée par notre honorable collègue M. Souques. Reste cependant un fait indéniable, c'est que si la valeur de certains sucres bruts se rapproche de celle des turbinés, il en est d'autres en plus grand nombre qui s'en écartent de beaucoup, de sorte que la moyenne des sucres bruts est bien au-dessous de la moyenne des turbinés. Ne pouvant baser sur le prix de vente une règle fixe et uniforme, j'ai songé à changer de raisonnement et à me rapprocher de ce qui se passe en France. Il n'échappe à personne qu'à poids égal il y a dans le sucre turbiné une plus grande proportion de matière utile que dans le sucre brut.

Au point de vue de leur valeur saccharimétrique, les sucres bruts exportés forment une échelle graduée qui va de 67° à 97° inclusivement, et les sucres turbinés de 98° à 100°.

Dans notre pays, cette longue échelle des sucres bruts ne forme, pour le fisc, qu'une catégorie ; en France, elle en forme plusieurs.

Si nous cherchons leur moyenne, nous la trouvons à 82° que nous pourrons prendre pour base. Il est certain que le fisc perd sur les sucres d'une valeur saccharimétrique supérieure ; mais comme il gagne sur les sucres inférieurs, nous pouvons admettre, ne pouvant établir des bases plus sûres, que la compensation s'établit. Pour les sucres turbinés, qui montent de 98° à 100°, la moyenne est de 99°.

Mais ici se place une autre question, et qui intéresse le sucre d'habitant. La même raison de justice et d'équité qui m'a conduit, me guide encore.

Les habitants forment deux catégories : les uns envoient leurs cannes à l'usine, les autres fabriquent eux-mêmes leurs sucres. Les premiers supportent seuls les frais les plus onéreux, qui sont les frais de culture. Ils sont privés des avantages et des commodités de la production où l'on peut tirer parti de tant de matières secondaires. Vous savez, Messieurs, que les avantages de la production ont même été tels dans le passé, que les sirops et les tafias payaient tous frais d'exploitation, et que l'habitant avait tout son sucre pour bénéfice. Aujourd'hui ces conditions ont changé.

Pour les autres, qui produisent eux-mêmes, la situation est plus avantageuse ; mais il faut reconnaître que la production localisée et étroite d'une sucrerie est assurément plus onéreuse que la production large et centralisée des usines.

Si je considère que la raffinerie française, qui est outillée pour transformer 500 à 550 millions de kilogrammes de sucre brut, ne reçoit de la France même que 300 à 350 millions de kilogrammes, défalcation faite des sucres consommés ou exportés à l'état brut, je vois qu'une place peut être laissée à nos sucres bruts dans cette proportion de 200 millions de kilogrammes qui manquent à la raffinerie française.

Si par ailleurs, je consulte les tarifs douaniers, j'y vois que, pour les besoins de cette même raffinerie, qui fait appel aux sucres bruts, les droits sont les mêmes pour ces sucres, quelle que soit leur provenance, de sorte que nos sucres bruts sont au pied d'égalité avec les sucres étrangers sur les marchés français, tandis que les poudres blanches coloniales payent un droit inférieur aux droits payés par les poudres blanches étrangères.

Ces conditions font un véritable désavantage au sucre brut — qui cependant, je le répète, est appelé par les raffineries — un désavantage sur le sucre turbiné, à qui pourtant il ne fait point concurrence.

Qu'il me soit permis de vous faire remarquer que je ne puis prendre dans l'espèce la question que sous une de ses faces. Je dois reconnaître que le problème entier est plus compliqué que cela, que le sucre turbiné marche à un progrès d'ordre supérieur, et que sa substitution dans l'avenir à tout sucre raffiné et, par conséquent, à tout sucre brut, donnera peut-être la solution de bien des difficultés de la question des sucres.

C'est pour toutes ces considérations que je crois juste, équitable, d'adopter la proposition que j'ai déjà développée devant plusieurs de mes collègues.

Cette proposition, la voici :

Etablir sur le sucre brut un droit de 2 francs, décime compris, ce qui ferait 1 fr. 80 cent. en principal. Calculant alors sur les bases que j'ai posées précédemment — le degré saccharimétrique étant de 82 pour les sucres bruts et 90 pour les sucres turbinés en moyenne — je trouve pour les sucres turbinés 2 fr. 20 cent.

M. Lacascade. Je prie mon honorable collègue, M. Isaac, de vouloir bien rectifier la phrase suivante de son discours :

« Quant à ce qui a été dit au sujet du petit planteur, à qui l'usinier, tôt ou tard, réclamera la restitution de la surtaxe, je ne veux pas y voir une menace, comme l'ont craint certains membres de cette assemblée. »

C'est moi qui ai pris, ce matin, la parole pour demander à M. Le Dentu si, en disant que la surtaxe sera supportée non-seulement par le grand propriétaire, mais aussi par le petit planteur, il entendait ainsi faire une menace. Les paroles de M. Isaac me viseraient personnellement.

M. Isaac. Je rappellerai à mon collègue, M. Lacascade, que je n'ai pas fait de personnalité, que je me suis servi de ces expressions qui ne désignent nominativement aucun conseiller : *ainsi que l'ont craint certains membres*. Je ne crois pas dès lors qu'il y ait lieu à rectification.

M. Le Dentu. En parlant ce matin de grands et de petits planteurs, je n'ai pas eu la pensée que m'attribue M. Lacascade. J'ai dit que les uns et les autres subiront les conséquences de la mesure proposée à vos délibérations, que cette mesure est appelée à se répercuter sur les producteurs de la matière première, quels qu'ils soient, par l'effet d'une de ces lois économiques non moins évidentes que le principe de physique qui régit l'équilibre des liquides.

M. Duchassaing. Vous le savez, les contributions sont divisées par nos lois de finances en contributions directes et contributions indirectes. Il en est ici comme dans la métropole ; pour vous en convaincre vous n'avez qu'à ouvrir les budgets de la colonie, et sous l'ancien conseil colonial et du temps du conseil général jusqu'en 1870 ; vous verrez cette distinction répétée *régulièrement* à chaque exercice.

Sans entrer dans la question de savoir si l'impôt à la sortie est ou non représentatif de l'impôt foncier — ce qui a été surabondamment établi par MM. Le Dentu et Souques — il ressort de l'examen matériel des documents que le droit à la sortie est un impôt direct, n'importe la catégorie d'impôts directs dans laquelle il faille le placer.

Or, quel est le double caractère de l'impôt direct, d'après la loi?

C'est qu'il doit être basé sur la proportionnalité et sur l'affectation au revenu.

Que veulent dire ces mots?

L'impôt direct doit être basé sur la proportionnalité, c'est-à-dire que chacun y doit contribuer suivant sa fortune.

L'impôt doit être basé sur l'affectation au revenu : cela signifie que le revenu net de l'individu sera *la base de l'impôt*.

C'est ce que prescrivent les lois financières en France, pays avec lequel nous réclamons l'assimilation; c'est ce qui a jadis toujours été pratiqué ici, et ce à quoi il n'a été porté atteinte que sur un point seulement, celui de l'affectation au revenu, et cela par inadvertance du législateur.

Que dit la loi?

L'impôt direct est prélevé sur le revenu net, c'est-à-dire, s'il s'agit de terres, on doit prélever sur le revenu brut, les frais de préparation du sol, de semence, d'entretien, de récolte, etc.

Ce prélèvement fait, ce qui reste est le revenu net qui devient la matière imposable.

S'il s'agit de maisons, le prix de location, diminué des frais d'entretien de l'immeuble, devient la base du revenu imposable.

Ces principes, qui sont la règle de tout notre système financier, ont été observés jusqu'en 1848.

Cela ressort non seulement de l'examen des lois financières, mais encore des considérations énoncées par le législateur lors qu'il transforma l'impôt de capitation, représentatif de l'impôt foncier, en impôt à la sortie.

On constate, dit le législateur, que le nombre des bras employés sur une habitation ne représente nullement son revenu, que des terres fertiles avec peu de bras donnent beaucoup, que des terres inférieures donnent peu avec beaucoup de bras. Imposer proportionnellement aux bras semble donc injuste..... et le législateur décide que c'est la quantité des produits obtenus qui servira de base à l'impôt, car cette quantité est en rapport avec la valeur et la qualité du sol.

C'est donc bien évidemment *l'impôt sur le revenu* qu'on veut atteindre.

Arrive 1848; l'impôt est maintenu tel quel, par un étrange oubli ou ignorance du législateur.

Quelle était la base sur laquelle, avant 1848, était établi l'impôt direct? 5 pour 100 du revenu net; il a été maintenu tel pour les maisons. Seulement le législateur ne réfléchit pas à une chose : c'est que le travail libre, c'est-à-dire rémunéré, se substituait au travail servile, c'est-à-dire gratuit. Il ne réfléchit pas que dès lors le prix de revient de la denrée se modifiait profondément.

Examinons un peu les faits :

Jadis le propriétaire qui produisait une barrique de sucre, la vendait de 258 à 260 francs. Que fallait-il déduire de ce prix? L'entretien du matériel de sucrerie, du cheptel, l'enfutaillage, le transport, le magasinage, la commission; en ajoutant le produit des tafias, il restait environ 205 francs net par barrique à l'habitant.

Mais quand il fallut payer le salaire, la proportion se trouva renversée — on n'y fit pas attention — ce qui était dépense devint bénéfice, ce qui était bénéfice devint dépense.

L'impôt continua à être perçu sur l'ancien *revenu net*, tandis qu'il aurait dû être ramené sur le *nouveau revenu net* qui avait diminué des 4/5mes.

Eh bien! La justice *exige* qu'on revienne aux principes, qu'on estime à nouveau le revenu net et que la taxe sur le sucre soit ramenée à 5 pour 100 de ce revenu net, *ou à un autre taux s'il est nécessaire*, mais *toujours* rapporté à ce revenu net.

Ici M. Lacascade dit : Le droit à la sortie est un impôt indirect. La preuve, c'est qu'il n'est pas perçu sur rôles et la perception sur rôles *est ce qui constitue* l'impôt foncier.

. Je sais que cette idée a été émise par un tribunal. Mais, Messieurs, vous savez qu'on a reconnu l'incompétence des tribunaux ordinaires dans ces sortes de questions et que, pour ce motif, elles sont déférées en France à des tribunaux spéciaux.

Mais admettons cette définition de l'impôt direct.

Comment se percevait l'impôt sur la capitation? Sur rôles.

Que représente le droit à la sortie? Personne ne le nie, il représente la capitation. C'est écrit en toutes lettres dans les textes.

Or, la capitation étant perçue sur rôles, était donc un impôt direct.

Donc le droit à la sortie qui l'a remplacé est un impôt direct.

On a changé le mode de recouvrement, mais l'impôt est resté le même.

M. le rapporteur dit : c'est un impôt indirect. Nous ne partageons pas son opinion; néanmoins nous l'acceptons encore, momentanément, pour la discuter.

Commençons d'abord par dire ce qu'est l'impôt indirect.

L'impôt indirect est celui qui se perçoit sur la richesse quand elle devient mobile, *consommable*, quand elle est passée dans le commerce.

Or, rien de semblable pour le droit à la sortie ; cet impôt est perçu quand la denrée est encore la chose du propriétaire ; il est perçu toujours des mois, parfois une année, avant que le propriétaire ait joui de sa denrée, avant qu'elle ne soit *devenue consommable* ; c'est donc contradictoire avec l'idée d'impôt indirect.

Ce n'est pas tout ; que disent les lois de finances? Les centimes additionnels communaux seront perçus sur une ou plusieurs des contributions directes. Or, ici, de tout temps, des centimes communaux ont été perçus sur les droits à la sortie. Donc, ou ces droits sont une contribution directe, ou les communes les ont perçus *à tort* et doivent les restituer, ou au moins, à l'avenir, *s'abstenir de les percevoir.*

Nous appelons fortement l'attention sur ce dernier point : si le droit à la sortie est un impôt indirect, les communes doivent renoncer à l'avenir à affecter des centimes sur ces contributions, et si elles les affectent, on peut refuser, la loi en main, de les payer, avec certitude de gagner sa cause.

Mais enfin admettons momentanément la thèse de M. le rapporteur.

L'impôt à la sortie est une contribution indirecte.

Quelle est la base, l'assiette de l'impôt indirect?

La quantité, ou la qualité.

A première vue, l'impôt sur la qualité ou *ad valorem* semble le plus juste. C'est une étrange illusion.

S'il ne s'agissait que de dire : tel objet vaut 1 franc, tel autre vaut 100 francs, ce serait simple. Mais raisonner ainsi serait profondément inique. — Evidemment c'est sur le bénéfice que réalise le vendeur, que doit être basé l'impôt, et non sur le *quantum* de ses affaires.

Un objet qui vaut 1 franc et se vend 2 francs donne 100 pour 100 de bénéfice. Un objet de 100 francs qui se vend 100 francs, vous constitue en perte.

L'impôt *ad valorem* revient en définitive pour tout esprit juste à l'impôt sur un revenu ; s'il était prélevé sur le capital sans considération du revenu, ce serait la ruine.

Pour établir l'impôt *ad valorem*, il faut connaître le bénéfice que fait le producteur ou le vendeur sur ce produit. Prendre le prix de l'objet pour base de l'acquit serait injuste.

Mais constater ce bénéfice a été reconnu tellement difficile que maintenant presque partout on revient à substituer l'impôt sur la quantité à l'impôt sur la valeur.

Ce mouvement est général dans tous les pays.

Ces jours-ci, un de nos collègues (M. Le Dentu) vous a proposé de substituer pour les droits d'octroi l'impôt à la pièce, à l'impôt *ad valorem*. M. Gervais me disait que M. Le Dentu l'avait devancé dans cette proposition.

Dans l'ancien conseil général, un esprit très distingué qui avait une énorme pratique des affaires, M. Brunerie, avait fait la même proposition.

Vous le savez parfaitement, il y a des produits courants de minime valeur qui donnent un énorme bénéfice, et souvent des produits plus beaux, plus chers par conséquent, donnent un faible revenu. Prendre la valeur vénale pour base de l'impôt sans s'informer du bénéfice, c'est une grave erreur,

M. Lacascade dit : le sucre d'habitant vaut 40 francs, le sucre d'usine vaut 60 francs (ne discutons pas ces chiffres); donc, si le sucre d'habitant paye 2 francs, le sucre d'usine doit payer 3 francs.

Notre collègue admet donc que la différence de 40 francs à 60 francs, est tout bénéfice, qu'il ne coûte pas plus faire du sucre d'usine que du sucre brut.

Avant de fixer la taxe différentielle entre ces deux produits, il aurait dû établir le prix de revient du sucre brut et du sucre turbiné; alors on aurait eu une base, le bénéfice, pour constituer une taxation.

Puisque M. Lacascade n'a pas établi le prix de revient des deux produits, et par suite le bénéfice plus grand que l'un d'eux peut procurer, nous allons le faire, non par des chiffres à nous, mais par des chiffres officiels, par des chiffres qui résultent des études faites par les délégués de France, d'Angleterre, de Hollande, de Cologne, par des chiffres qui ont été déclarés exacts par les rapports des chambres de commerce, les raffineurs, les fabricants de sucre, le comité supérieur du commerce.

Ces chiffres ont servi de base à la loi de 1880 sur les sucres.

Cette loi établit que le sucre raffiné payera 40 francs de droit parce qu'il ne renferme que du sucre pur, que tous les autres sucres payeront 40 centimes en moins par degré de sucre pur en moins.

Que titre le sucre d'usine? 96 degrés, il payera donc 40 fr., moins 4 $\times$ 0.40 = 1 fr. 60 cent., soit 38 fr. 40 cent. au lieu de 40 francs.

Que titre le sucre d'habitant? 88 degrés, que payera-t-il? 40 francs moins 12 $\times$ 0.40 = 4 fr. 80 cent., soit 35 fr. 20 cent.

Différence entre le sucre d'usine et le sucre d'habitant 3 fr. 20 cent., soit environ 9 pour 100.

Donc, d'après les hommes les plus autorisés, la différence entre le sucre d'usine et le sucre brut, comme revenu, est de 9 pour 100, mettons 10.

En conséquence si l'on veut l'impôt sur la valeur, le sucre brut étant taxé 2 fr. le sucre d'usine pourra être au plus porté à 2 fr. 20 cent.

Mais est-ce la vraie valeur comparative des deux produits? Non.

Sucre turbiné ou sucre d'usine ne veut rien dire.

Les usines font quatre ordres de produits :

1ᵉʳ jet. C'est celui que nous venons de comparer au sucre brut.

Ce 1ᵉʳ jet entre dans la production d'une usine pour les deux tiers. Les autres jets pour un tiers. Ces denrées dans leur ensemble ne valent pas plus que le sucre d'habitant.

Nous aurons donc le calcul suivant :

2 de 1ᵉʳ jet, 38 fr. 40 cent.	76ᶠ 80
1 bas produit, 35 fr. 20 cent.	35 20
	112 00
Divisons ce chiffre par 3 et nous aurons. . . . . . . pour coefficient moyen de la valeur taxable du sucre d'usine en général.	37.33
Nous avons vu que le coefficient du sucre d'habitant est de.	35 20
La différence réelle entre le sucre d'usine et le sucre d'habitant, est donc de.	2 13

soit environ 6 pour 100.

Si l'on pensait (ce qu'on n'a pas le droit de faire), que la taxe à la sortie est un impôt indirect, et qu'on peut taxer les sucres *ad valorem*, le sucre d'habitant étant porté à 2 francs, le sucre d'usine ne pourrait être porté qu'à 2 francs + 6 pour 100, soit 2 fr. 12 cent.

Mais, dira notre collègue, la taxe que je vous propose est d'une autre espèce, ce n'est ni un impôt sur la quantité ni un impôt *ad valorem*; c'est un impôt basé sur l'emploi d'une machine, de la turbine!

Mais alors il change complètement l'assiette de l'impôt, ce que ni lui ni nous n'avons le droit de faire.

Nous pouvons discuter là-dessus; nous ne pouvons voter. Le droit de décider sur ce nouvel impôt, basé sur une assiette nouvelle, appartient à un pouvoir plus élevé que nous.

C'est une question à trancher, non ici, mais dans la métropole.

Je veux être bref, par conséquent je n'examinerai pas ce qu'il y a d'extraordinaire à taxer un produit parce qu'on emploie pour l'obtenir un outil plutôt qu'un autre.

On a voté une prime pour une machine à sécher le café. Le café séché à la machine pourrait aussi être appelé à payer un impôt autre que celui séché au soleil et au vent.

Et puis, voilà un impôt qui peut disparaître à la moindre transformation de fabrication.

Aux États-Unis, il y a divers types pour les sucres : les 7/9, les 10/12, les 13/20..., les 7/9 payant un droit infime, les 13/20 un droit élevé. Eh bien! il est question d'élever le type inférieur jusqu'au n° 16 ; ce type irait de 7 à 16.

Eh! sachez-le, les sucres d'usine sortant de la chaudière ont juste ce type 16. Si la loi passe aux États-Unis, l'intérêt des usiniers sera d'envoyer leurs sucres *tels quels sortant de la chaudière*, sans être turbinés... et votre impôt disparaîtra.

Mais laissons ces considérations peu importantes, et concluons :

L'impôt indirect a pour base la quantité ou la valeur ; vous changez ces bases, donc vous transformez l'assiette de l'impôt. Vous n'en avez avez pas le droit.

Messieurs, j'ai entendu dire, j'ignore par qui, mais je l'ai entendu dire, que ce nouveau droit n'est ni un impôt direct, ni un impôt indirect ; c'est..... un impôt *sui generis*.

J'avoue, Messieurs, que ce mot me confond. Que veut dire un impôt *sui generis?*

Un impôt qui n'a aucune place dans la législation financière, qui n'a par suite aucune base, aucune assiette, qui ne repose sur rien. Je ne comprends plus. Oh oui! Messieurs, il y a eu des impôts *sui generis*, mais alors seulement que le règne du bon plaisir existait.

Une autre question :

Que produit la colonie? 18,000,000 de kilogrammes de sucre sur lesquels 30,000,000 de kilogrammes de sucre d'usine. Reste, sucre habitant, 12,000,000 de kilogrammes. Que ferait la colonie si toutes les cannes étaient fabriquées par des outillages perfectionnés? Au lieu de ces 12,000,000 de kilogrammes de sucre d'habitant, vous auriez 18,000,000 de kilogrammes de sucre d'usine, soit 6,000,000 de kilogrammes en plus qui vous donneraient 144,000 francs environ de droits en supplément à la sortie ; de quoi faire, Messieurs, plusieurs écoles.

Supposons au contraire que les cannes servant à produire les sucres d'usine fussent fabriquées par l'ancien système : au lieu de 30,000,000 de kilogrammes de sucre, vous n'auriez plus que 24,000,000 de kilogrammes : diminution, 12,000,000 de kilogrammes. Soit une diminution de droits de 288,000 francs.

Est-ce tout? Si les 12,000,000 de kilogrammes de sucre habitant valent 44 francs les 100 kilogrammes, cela donne 5,280,000 francs.

Supposons que les cannes produisant ces 12,000,000 de kilogrammes de sucre d'habitant soient employés à la fabrication de sucre d'usine, vous aurez 18,000,000 de kilogrammes de sucre × par 56 = 10,080,000 de francs de revenus, au lieu de 5,280,000 francs, soit près du double.

Les 36,000,000 de kilogrammes de sucre d'usine valent actuellement, à 56 francs environ, 20,160,000 francs.

Que vaudraient-ils, si les cannes qui les ont produits avaient été travaillées par l'ancien système? Vous n'auriez plus que 24,000,000 de kilogrammes de sucre × 44 = 10,560,000 francs, soit environ 10,000,000 de francs en moins.

Y a-t-il besoin de conclure?

Si toutes les cannes allaient à l'usine, la fortune coloniale augmenterait de suite de près de 5,000,000 de francs.

Si toutes les cannes abandonnaient les usines, la fortune coloniale diminuerait de 10,000,000 de francs.

La différence des droits, c'est-à-dire des recettes de la colonie, serait de 475,000 francs environ, suivant que toutes les cannes iraient aux usines ou au père Labat.

Est-ce là le mal que les usines ont fait à la colonie?

Un autre point : tous nos ouvriers venaient autrefois de France. Les usines sont des ateliers d'apprentissage qui nous ont permis de former un personnel instruit, intelligent, aussi capable que le personnel européen, et payé aussi cher que lui.

M. Le Dentu. Assurément.

M. Duchassaing. Est-ce là le mal qu'ont fait les usines?

On peut citer bien des négociants, des marchands, qui, après s'être enrichis, se sont retirés en France. Aucun usinier ne l'a fait, n'a pu le faire; tout ce qu'ils ont pu gagner a été employé ici même, sans distraction d'aucune somme, pour développer la culture, l'industrie coloniale.

Est-ce là le mal qu'ils ont fait?

Messieurs, sans les usines, vous n'auriez pas pu, vous ne pourriez pas faire ce que vous avez fait, ce que vous voulez faire; si vous avez pu développer le pays matériellement et moralement, c'est, en grande partie, grâce aux ressources qu'elles ont données au pays.

Messieurs, vous voulez donner un grand développement au pays, tant au point de vue matériel qu'au point de vue moral et intellectuel, vous avez raison; mais pour cela il faut beaucoup d'argent, et, pour en avoir, il faut se garder d'entraver le développement agricole et industriel, car l'agriculture et l'industrie sont la source de toute notre fortune.

Vous avez déjà réduit le nombre de bras qui pouvaient augmenter notre production, par suite vos ressources futures. Maintenant il s'agit de diminuer les forces et de l'agriculture encore et de l'industrie; en entravant leur développement vous détruirez ou diminuerez vos ressources pour l'avenir. Ne travaillons pas pour le présent seulement; développons nos ressources au lieu de les restreindre, et toutes les réformes que vous désirez, que vous entrevoyez même, vous deviendront faciles.

Vous voulez favoriser le cultivateur, et d'une manière indirecte, sans le vouloir, vous augmentez ses charges. La canne est une marchandise; chaque fois que vous frappez l'industrie qui l'achète, qui la fabrique, vous frappez indirectement le producteur de canne. Un impôt en plus sur le sucre est un impôt en plus sur la canne, sur l'habitant, sur le petit planteur.

En France, que fait la République? Elle veut conquérir, et avec raison, l'homme de la terre; que fait-elle pour cela? Elle dégrève les deux grandes industries agricoles, le sucre et le vin.

Il est question d'un nouveau dégrèvement de 120,000,000 de francs sur l'agriculture.

Si vous adoptiez les idées de notre collègue, votre marche ici serait inverse. Messieurs, suivez les exemples qui nous viennent de la mère patrie, toutes ces questions y sont étudiées depuis bien longtemps par les hommes les plus capables, les plus intelligents, qui en ont fait l'objet d'études spéciales, nous ne pouvons nous égarer en les suivant.

M. Lacascade. Avant de répondre aux objections formulées à l'encontre de ma proposition, je crois devoir attendre que l'administration nous ait fourni quelques éclaircissements sur la question qui fait l'objet de cet intéressant débat.

Je tiens toutefois à déclarer dès à présent que la taxe sur les denrées du cru de la colonie n'a pas le caractère que lui attribuent mes honorables contradicteurs; ce n'est point, comme ils le soutiennent, un impôt sur le revenu net de la terre, mais bien un droit d'exportation.

M. le Président. M. le directeur de l'intérieur a la parole.

M. le Directeur de l'intérieur. La question sur laquelle vous délibérez depuis hier est d'une importance trop grande pour que je puisse me dispenser d'ajouter quelques observations aux arguments qui vous ont été déjà présentés par les partisans et les adversaires de la surtaxe des sucres d'usine. Je serai aussi bref que la gravité du sujet me le permettra, et je me contenterai de rappeler des principes dont la saine interprétation suffira peut-être à vous faire trouver la solution que vous poursuivez tous avec un égal amour de la vérité et du droit.

Je crois tout d'abord inutile de faire remarquer qu'il ne peut être ici question de défendre ni d'attaquer les principes économiques dont l'établissement des usines a amené l'application à la Guadeloupe. Personne, assurément, ne songe à nier les incontestables services que les usines ont rendus à notre agriculture, ni ceux plus grands encore qu'elles sont appelées à lui rendre dans l'avenir.

Tout le monde étant d'accord sur ce point, il s'agit seulement d'apprécier la portée d'une mesure fiscale, et c'est sur ce terrain que je vous demanderai la permission de me maintenir.

La question doit être envisagée, à mon avis, sous le triple point de vue de la légalité, de l'équité, de l'opportunité.

La taxe différentielle dont l'adoption vous est proposée, serait-elle légale? Le conseil général pourrait-il modifier sur ce point la tarification existante, sans s'exposer à des revendications légitimes? Je pense, Messieurs, qu'en votant cette surtaxe, le conseil ne violerait aucun droit, et qu'il ne ferait qu'user des pouvoirs qui lui ont été conférés par le sénatus-consulte de 1866.

Le principal argument qui ait été opposé à cette opinion, c'est celui qui consiste à dire que le droit à la sortie n'est rien autre chose que l'impôt foncier du sol, d'où l'on a conclu que toute perception qui ne représenterait pas exactement la part des contributions publiques afférente au revenu direct de la terre, serait abusive et contraire à l'esprit de la loi. Il faut remonter avec les auteurs de cette objection jusqu'aux origines de l'impôt. J'aurais mieux aimé pouvoir me dispenser de rappeler encore une fois ces faits anciens dont vous avez trop souvent déjà entendu l'exposé.

Les colonies étaient autrefois placées en quelque sorte en dehors du droit public. C'étaient des établissements créés pour le seul avantage de leurs métropoles, et dont l'unique destination était de consommer le trop-plein des produits de ces métropoles, en même temps que de fournir à la consommation de la mère patrie des denrées de luxe que le sol européen ne pouvait pas produire. Tout alors se rapportait à la terre. C'était l'époque où les contributions publiques étaient acquittées en nature. Ce système est tout entier exprimé dans un mémoire du roi du 25 janvier 1765, mémoire adressé aux gouverneur et intendant de la Martinique, et où se trouvent les observations suivantes :

« Telle est, en effet, la véritable utilité des colonies. Elles « n'ont dû être instituées que pour opérer la consommation et le « débouché des produits de la métropole, parce que la mesure de « la consommation est la mesure du travail, parce que la mesure

« du travail est celle de la population et de la richesse, et que la « puissance d'un État n'est que le résultat du nombre et de la « richesse de ses habitants.

« De cette destination des colonies résultent trois conséquen- « ces. La première est que ce serait se tromper étrangement que « de considérer nos colonies comme des provinces de France sé- « parées par la mer du sol national. Elles diffèrent autant des « provinces de France que le moyen diffère de la fin; elles ne « sont absolument que des établissements de commerce; et pour « rendre cette vérité sensible, il suffit d'observer que dans le « royaume, l'administration ne tend à obtenir une plus grande « consommation qu'en faveur du sol national, et que dans les co- « lonies, au contraire, elle n'affectionne le sol que dans la vue de « la consommation qu'il opère. Cette consommation est l'objet « unique de l'établissement, qu'il faudrait plutôt abandonner, s'il « cessait de remplir cette destination. »

Le même document ajoute :

« Un établissement destiné tout entier à la consommation des produits du royaume ne devrait pas être imposé. Cependant l'épuisement du royaume a forcé Sa Majesté à faire contribuer les colonies aux dépenses intérieures qu'elles occasionnent. »

A cette époque reculée de la colonisation, il était naturel que les charges publiques fussent établies sous les formes les plus simples. Tout impôt était considéré comme impôt direct, et par une application des théories économiques qui avaient alors cours en France, tout impôt se ramenait à la terre. Le droit de capitation frappant sur les esclaves de culture était l'expression la plus complète de cette théorie. On en eût fait volontiers, si la chose eût été possible, le seul impôt colonial. On pouvait dire du moins avec quelque raison que la capitation était l'équivalent exact de la redevance du sol. Cependant un élément nouveau s'introduisit bientôt dans cette organisation rudimentaire. En dépit du principe en vertu duquel les dépenses d'administration des colonies devaient être supportées par la métropole, le roi se réservait la faculté de lever des contributions sur les pays d'outre-mer. La contribution fut fixée, en 1765, à 750,000 livres, et le roi laissa au gouverneur la faculté de choisir la forme sous laquelle cette somme devait être réclamée aux habitants de l'île. Le gouverneur y pourvut par un droit à la sortie, en déchargeant exceptionnellement les contribuables de tout droit de capitation sur leurs esclaves de culture. Le gouverneur motive son ordonnance par les considérations suivantes :

« Nous avons observé que quoiqu'il soit vrai que tout impôt, quelque déguisé et détourné qu'il soit, porte toujours ou médiatement ou immédiatement sur les propriétaires des productions de la terre, il paraît néanmoins plus léger et devient d'une perception plus douce et plus facile lorsque l'on fait concourir un plus grand nombre de contribuables, et que ce payement, établi immédiatement sur la denrée, n'est exigé qu'au moment même où elle semble se convertir en argent. »

Ces considérants méritent d'être retenus; ils marquent le point de départ des transformations successives que subira la taxe coloniale pour arriver à constituer un impôt indirect régi par les mêmes règles et répondant aux mêmes dénominations que l'impôt métropolitain. Qu'est-ce, en effet, que cet impôt dont le payement établi immédiatement sur la denrée, n'est exigé qu'au moment même où elle semble se convertir en argent? Qu'est-ce que cette contribution qui se perçoit, non plus sur la propriété elle-même, ni sur une personne déterminée, mais en raison des déplacements de certains produits, si ce n'est déjà l'impôt indirect? Seulement comme tout impôt « déguisé ou détourné », direct ou indirect, dans les idées du temps, se rapportait au sol, le législateur colonial, conséquent avec son principe, croit devoir indiquer qu'il veut atteindre « le propriétaire des produits de la terre. »

Le droit à la sortie créé par l'ordonnance de 1763 était de 6 pour 100 savoir : 5 pour 100 pour tenir lieu de la contribution de chaque habitant; et 1 pour 100 de droit de poids. Et ce droit de poids qui frappait depuis longtemps déjà les denrées, soit à l'entrée, soit à la sortie, et qui se confond ici pour la première fois avec l'impôt en remplacement de la capitation, qu'était-il donc lui-même, si ce n'est un impôt indirect dans toute l'acception que comportaient les notions économiques de l'époque?

Un autre droit viendra plus tard s'ajouter à celui-là, c'est le droit dit du domaine d'Occident, dont le caractère indirect n'est pas plus contestable.

L'année suivante, en 1764, la capitation fut rétablie, et elle exista, comme par le passé, cumulativement avec le droit à la sortie de 1 pour 100.

Cette capitation est maintenue, pendant les années postérieures, sous des taux variables, mais toujours accompagnée d'un droit de sortie.

En 1777, le roi, dans les instructions qu'il donne à MM. de Bouillé et Tascher, fait l'énumération très simple des impôts coloniaux, lesquels consistent uniquement en « un droit de capitation par tête d'européen et de gens de couleur libres ou esclaves, en un second droit sur les loyers des maisons, et en un troisième sur les denrées à la sortie de l'île. » Tous ces impôts se rapportent encore plus ou moins à la terre, ou à ce qui s'y incorpore; mais déjà la forme indirecte a pris naissance, et on la verra se développer plus tard sous l'impulsion des efforts qui doivent amener la transformation des taxes coloniales.

Ces tendances vers l'adoption d'un nouveau système fiscal, on les trouve exprimées dans ces mêmes instructions de 1777 adressées à MM. de Bouillé et de Tascher, instructions dans lesquelles le roi invite ses agents à rechercher s'il ne serait pas possible « d'introduire une nouvelle forme de perception qui fût plus agréable et moins onéreuse à la colonie. »

En 1788, un fait considérable au point de vue de la solution que nous poursuivons, se produit. L'assemblée coloniale venait d'être constituée. L'ordonnance du 3 janvier fixe les contributions pour l'année 1788 et n'y comprend pas la capitation. Considérant, est-il dit, « qu'il est de principe et de justice que tous les hommes qui participent aux bienfaits de la sûreté publique participent aussi à ses charges et que le cultivateur étant, dans les colonies, le dernier consommateur, paye toujours l'impôt de quelque manière que l'assiette et la répartition en soient faites, et qu'il est nécessaire d'en rendre la perception la plus douce possible ; » et pour atteindre plus sûrement le cultivateur, dernier consommateur, l'ordonnance, qui supprime le droit de capitation, établit des taxes sur les marchands, libraires, horlogers, orfèvres, chirurgiens, et porte à 2 pour 100 le droit à la sortie. — Ne vous semble-t-il pas, Messieurs, que tous ces droits pourraient, au même titre, dans le système dont je voudrais montrer le peu de fondement, être considérés comme autant de représentatifs de l'impôt foncier?

En 1789, le droit de capitation est rétabli, accompagné d'un droit à la sortie de 1 pour 100. Mais en même temps apparait, pour la seconde fois, un droit de consommation, nouvel impôt indirect qui frappe le sucre non exporté et vendu dans la colonie.

Le 15 avril 1809, sous la domination anglaise, le gouverneur, pour des raisons que vous connaissez, supprima la capitation, et la remplaça par un droit à la sortie de 13 livres 10 sols par chaque barrique de 1,000 livres de sucre terré, et de 9 livres par barrique de sucre brut.

Cette dernière transformation était aussi conforme aux théories anglaises que le système qui tendait à rattacher immédiatement l'impôt à la terre était en harmonie avec les tendances françaises : l'Angleterre, pays d'impôt indirect, remplaçait l'impôt direct français par un impôt indirect.

L'ordonnance anglaise disait, il est vrai, que cet impôt, à la charge du planteur, serait acquittable par le chargeur. Mais quelle pouvait être l'utilité de cette énonciation, si ce n'est de faciliter la perception du droit, en indiquant au fisc la personne sur laquelle son action devait s'exercer? Cette personne, c'était le chargeur.

Et en quoi une pareille indication pouvait-elle changer la nature du droit? Le législateur, à ce point de vue, n'avait besoin de rien stipuler, car la loi ordinaire des transactions suffisait pour faire attribuer à chacun sa part de responsabilité. De deux choses l'une, en effet : ou le chargeur expédiait pour son compte, ou il expédiait pour le compte du producteur. Dans le premier cas, il avait acheté du planteur le sucre qu'il expédiait, et comme le droit auquel ce sucre était soumis ne devait pas rester sans influence sur le prix d'acquisition, ce droit restait, en définitive, à la charge du planteur.

Dans le second cas, le chargeur n'étant que le représentant du producteur, son mandataire, devait naturellement répéter contre lui les dépenses qu'il avait engagées pour l'expédition de sa denrée.

Avec la nouvelle taxe disparut la distinction qui avait jusque-là existé entre le droit de capitation et les taxes accessoires dont elle avait été précédemment accompagnée. Toutes ces formes de l'impôt se fondirent dans une contribution unique, qui prit le nom de *droit de sortie*, et qui, par son mode de perception, se distingue essentiellement de l'ancienne capitation.

Un peu plus tard, l'ordonnance du 31 mars 1810 établit, pour des besoins spéciaux d'utilité publique, tels que les chemins, des droits additionnels perçus en sus des droits de sortie sur les denrées d'exportation. C'est là qu'on voit apparaître l'origine des centimes additionnels.

Le droit à la sortie pouvait dès lors être considéré comme ayant perdu son caractère d'impôt direct. On en trouve un premier signe dans l'ordonnance sur les impositions du 24 décembre 1810, laquelle, alors que le droit de capitation sur les esclaves de culture avait cessé d'exister, dit à son article 4 :

« Les impositions *directes* étant acquises au trésor public dès le premier jour de l'année, les propriétaires d'esclaves capités et de maisons imposées ne pourront vendre ni aliéner ces propriétés avant d'avoir acquitté la somme totale d'impôt pour laquelle ils sont compris au rôle des contributions annuelles. »

Cette énumération, on le voit, exclut le droit de sortie.

Déjà, par une ordonnance du préfet colonial, les droits de sortie avaient été classés parmi les droits de douane.

Ce caractère nouveau de l'impôt s'affirme enfin d'une manière plus complète encore dans une dépêche ministérielle du 7 mai 1818, contenant recommandations au gouverneur pour la rédaction du budget.

Cette dépêche classe les recettes de la colonie en contributions directes et contributions indirectes, et établit les divisions suivantes :

1° *Contributions directes*, telles que capitation des esclaves de villes et bourgs et de ceux attachés aux poteries, vinaigreries, etc.;

Droits sur les loyers de maisons, etc.;

2° *Contributions indirectes*, telles que droits de douane à l'entrée et à la sortie;

Droit spécial à la sortie pour tenir lieu de la capitation sur les esclaves cultivateurs;

Droit d'ancrage, etc.

On voit la marche qu'a suivie le droit de sortie depuis l'époque où, en 1763, il prenait pour la première fois la place de la capitation. Les idées économiques du monde européen se sont modifiées; aux théories physiocratiques, ayant pour formule un impôt unique frappant sur le sol, ont succédé des notions plus nettes de la nature et de la fonction de l'impôt, dont la diversité est devenue, à tort ou à raison, une condition essentielle de sa productivité. Les colonies, dont l'individualité même était autrefois contestée, sont devenues parties intégrantes du territoire français; elles ont pris part dans toute la mesure de leur activité au mouvement ascensionnel des idées économiques de la métropole, et sous l'empire de ces idées, elles se sont, comme la France elle-même, complètement transformées. Comment peut-on soutenir après cela que nous soyons restés attachés à d'anciennes traditions qui n'ont plus rien de commun avec l'état actuel de notre organisation financière?

Qu'importe que le droit à la sortie soit trouvé classé, dans quelques documents officiels, parmi les impôts directs? D'autres documents l'ont mis au nombre des impôts indirects; le budget du service local, depuis l'année 1859, en fait une contribution indirecte, en le rangeant parmi les droits *perçus sur liquidation*, et le tarif des taxes municipales, depuis l'année 1868, dans la partie de ses prévisions relatives aux centimes additionnels, le fait entrer également dans la catégorie des impôts indirects. Si l'administration locale, dans ses projets de budget et de tarif, a cru devoir adopter ce classement, c'est qu'elle y a été conduite par la force même des choses, par l'impérieuse nécessité de restituer au droit dont nous nous occupons sa qualification naturelle; c'est que, malgré sa disposition à considérer encore le droit à la sortie comme le représentatif exact de l'impôt foncier, elle a reconnu qu'elle ne pouvait, sans dénaturer radicalement cette taxe, refuser plus longtemps de la faire entrer dans la catégorie des contributions indirectes. Tout ce qu'on peut conclure de la multiplicité des appréciations qui se sont produites à cette occasion, c'est qu'il n'a pas été toujours facile de démêler la vérité au milieu de ce chaos de décisions diverses, et de remonter aux origines confuses de notre système fiscal pour en extraire tout d'une pièce un impôt qui pût être immédiatement classé d'après des caractères spécifiques bien définis.

Laissons donc de côté toutes ces distinctions qui nous conduiraient à une confusion dont il importe de sortir au plus tôt. Envisageons le droit de sortie tel qu'il existe aujourd'hui, tel que l'ont fait les différentes transformations que l'organisation coloniale a subies, tel qu'il résulte des principes du droit public français en matière fiscale, et demandons-nous ce qu'il peut être. Cet impôt qui est perçu par la douane, qui a été précédemment classé parmi les droits de douane, qui se perçoit, non pas sur rôles nominatifs, mais en raison seulement de la circulation de certains objets de consommation, peut-il être un impôt direct? Évidemment non. Comment ferait-on pour lui attribuer cette dénomination, sans renverser toutes nos règles financières, et sans porter atteinte même à ces principes d'assimilation dont nous réclamons l'application dans toute la mesure réalisable?

Peut-il être un impôt foncier, ce droit qui se perçoit non pas sur la terre elle-même, et en raison des revenus qu'elle est susceptible de produire, abstraction faite de ses revenus réels, mais sur les produits de la terre au fur et à mesure de leur passage dans la consommation? Chacun de vous répondra négativement. Et n'est-il pas évident qu'au contraire cet impôt trouve ses similaires et reçoit sa place naturelle parmi les droits de douane, parmi ces droits à l'exportation, dont il a incontestablement tous les caractères?

On vous a dit : « Cet impôt ne peut être assimilé à un droit de douane, parce qu'il ne frappe pas la marchandise à l'entrée comme les droits de douane, et parce qu'il n'exerce pas son influence sur la consommation. « Peut-être a-t-on oublié qu'il existe encore même en France des droits de douane, qui sont perçus sous la forme d'impôts à la sortie, et qui, comme tous les droits de l'espèce, se répercutent sur le consommateur. Notre taxe coloniale n'est pas d'une autre nature, et s'il est vrai qu'il n'exerce pas une influence sensible sur la consommation, cela tient à des circonstances de fait qui ne changent rien à la nature du droit. Si notre production était assez importante pour occasionner des fluctuations de cours sur les marchés où elle trouve son placement, notre droit de sortie ne serait pas sans effet sur la consommation. Le principe reste donc tout entier.

Je n'envisage pas ici, bien entendu, les droits de douane comme agents de protection et de prohibition. Telle n'est pas, vous le savez, la seule utilité de ces droits, qui, à ce point de vue, n'auraient rien de commun avec notre impôt colonial.

Tout au plus pourrait-on dire que le droit à la sortie est d'une nature mixte. Indirect par son mode de perception, seul *critérium* accepté en administration pour le classement des impôts, il est direct quant à son incidence, c'est-à-dire que c'est celui qui le paye qui le supporte définitivement. C'est là un fait qui se produit pour d'autres contributions de la métropole, et qui cependant ne change pas la dénomination de ces contributions. Ainsi l'impôt des patentes, impôt direct sans contestation, est indirect par son incidence, parce qu'il ne reste pas, en définitive, à la charge du marchand; le marchand, on le sait, *met la patente dans sa facture.* En tire-t-on un argument pour classer l'impôt des patentes parmi les impôts *indirects?*

On peut dire aussi bien, si l'on veut pousser plus loin l'analyse, que le droit à la sortie est mixte encore, parce qu'il entre dans sa composition deux éléments d'origines différentes : la capitation qui provient d'une source directe, et les droits à la sortie d'origine indirecte qui frappaient déjà le sucre, concurremment avec la capitation. Pourquoi ne voudrait-on voir dans l'impôt tel qu'il existe aujourd'hui, que le premier élément, celui de la capitation?

Affirmons donc, messieurs, ce qui est la vérité, que l'impôt foncier de la terre n'existe pas aux colonies, qu'il a été remplacé, pour la plus grande commodité de la perception, si on le veut, par un impôt qui n'a pas les caractères de l'impôt foncier, qui est un impôt indirect, et qu'en touchant à cet impôt pour en modifier le taux, l'assiette ou les règles de perception, le conseil général n'excède pas la limite de ses pouvoirs. Cette question, au surplus, a déjà été tranchée souverainement. Il faut bien, puisque la lumière ne semble pas complètement faite sur ce point, que j'en appelle aux décisions de jurisprudence qui viennent à l'appui de l'opinion que je soutiens.

En 1871, le conseil général de la Martinique remplaça l'impôt qui jusque-là avait frappé le sucre à la sortie sur la valeur prise pour base de la bonne quatrième, par un impôt *ad valorem* établi désormais sur la valeur réelle de la denrée, d'après les mercuriales du commerce. C'était, en réalité, surtaxer le sucre d'usine. Les usiniers de cette colonie s'en émurent, et ils intentèrent à la colonie une action tendant au remboursement du produit de cette surtaxe qui représentait, disaient-ils, non plus l'impôt foncier du sol, mais un droit illégalement établi sur la plus-value résultant de leur industrie. Le tribunal de Saint-Pierre, saisi de la question, se déclara compétent, proclama la parfaite légalité de la délibération du conseil général, et rejeta, en conséquence, la demande des usiniers.

Ce jugement, attaqué en appel devant la cour de la Martinique, fut confirmé purement et simplement par un arrêt dont les motifs ne laissent place à aucune équivoque. Cet arrêt est ainsi conçu :

« La Cour,

« Sur la compétence,

« Attendu qu'il importe de bien définir ce qu'on doit entendre par contributions indirectes ; — Que les contributions directes sont celles qui concernent des contribuables spécialement nommés, portés sur un rôle nominatif, et considérés comme personnellement débiteurs envers le trésor ; — Que les contributions indirectes, au contraire, sont celles qui sont assises sur la fabrication, la vente, le transport, l'introduction de certains objets de commerce et de consommation, et sont indirectement payées par les consommateurs ou les détenteurs ; — Qu'en matière de contributions directes, les contestations qui s'élèvent sont, aux termes de l'article 176 de l'ordonnance organique du 9 février 1827, vidées par les tribunaux administratifs ; — Que s'agissant, en effet, de l'appréciation d'actes administratifs, il n'en pouvait être autrement à raison du principe de la séparation des pouvoirs ;

« Mais attendu qu'en matière de contributions indirectes, toutes les constatations qui peuvent surgir, ayant pour but de faire déterminer si une loi est bien ou mal appliquée, sont de la compétence des tribunaux ordinaires ;

« Attendu que dans l'espèce, c'est à tort que les premiers juges ont considéré comme une contribution directe le droit à la sortie des sucres ; — Qu'en effet, il s'agit purement et simplement d'une taxe établie par le conseil général, et perçue par les employés de la douane, et, conséquemment, d'un de ces produits qui, dans la métropole comme aux colonies, doit être classé parmi ceux des contributions indirectes ; — Que s'il est vrai que cette taxe remplace une des branches de l'impôt foncier, il est certain aussi qu'elle n'est perçue que d'une manière indirecte et sans détermination nominative des individus qui sont appelés à la payer ; — Que le plus souvent, ces individus sont des tiers détenteurs de la marchandise imposée ; — Qu'il pourrait même dépendre de la volonté du propriétaire de ne jamais payer cette contribution en consommant ou en faisant consommer ses sucres dans la colonie ;

« Attendu que c'est à tort également que l'on a prétendu que le trésor était désintéressé, puisque c'est précisément contre le trésor ou contre l'État qui le représente, que la demande en restitution a été dirigée ; — Qu'enfin le raisonnement tiré de l'article final de tous les budgets, et notamment de celui de 1871, dont le but, d'après les premiers juges, serait de donner ouverture à des demandes en répétition contre l'État, est également erroné; — Que l'administration, dans cet article, a voulu seulement atteindre les fonctionnaires prévaricateurs qui auraient eu la coupable pensée de percevoir des droits autres que ceux figurant au budget, et qu'il ne faut pas perdre de vue que l'impôt ou la taxe en contestation figure au budget de 1871;

« Sur le moyen tiré de l'inconstitutionnalité du décret du 3 décembre 1870; — Adoptant les motifs des premiers juges;

« Sur le moyen tiré de ce que le conseil général de la Martinique a excédé ses pouvoirs et violé l'arrêté de 1850 et le sénatus-consulte de 1866; — Adoptant également les motifs des premiers juges.

« Sur le moyen tiré de l'illégalité de la délibération du conseil général relative au mode d'assiette de l'impôt, aux règles de perception des contributions et taxes; — Adoptant encore les motifs des premiers juges,

« Par ces motifs :

« Reçoit les appels principal et incident en la forme seulement, et statuant tant sur l'exception d'incompétence que sur le fond du procès,

« Confirme le jugement dont est appel, et condamne les appelants, chacun à l'amende et aux dépens de son appel, avec distraction au profit des avoués de la cause, sous les charges de droit. »

A la Guadeloupe, les choses se passaient autrement. L'impôt à la sortie était, comme aujourd'hui, perçu sous la forme d'un droit spécifique. Les propriétaires d'usines se crurent fondés à soutenir que ce droit leur faisait grief, parce qu'il n'était pas maintenu dans les justes limites de l'impôt foncier, puisqu'il atteignait aussi la plus-value de fabrication de l'usine.

Un industriel de la colonie, un membre de cette assemblée, que je prie de ne rien voir de personnel dans la citation que je vais faire, demanda à la caisse locale le remboursement des sommes qu'il affirmait avoir ainsi indûment payées. Ce procès, perdu en conseil privé, fut porté devant le conseil d'État, et le tribunal administratif suprême rendit à ce sujet un arrêt par lequel il se déclarait incompétent, attendu qu'il s'agissait d'un impôt indirect, et non d'un impôt direct. Le rapporteur du conseil d'État formule ainsi son opinion sur cette question :

. . . .

« Enfin, nul doute que le contentieux administratif, ainsi attribué d'une manière générale au conseil privé, constitué en conseil du contentieux administratif, n'ait aux colonies la même consistance qu'en France. Il comprend donc le contentieux des contributions directes.

« A la vérité, l'art. 175 qui énumère les attributions administratives du conseil privé, mentionne le contentieux en matière de contributions directes. Cela veut dire que les réclamations en matière de contributions directes doivent être tout d'abord soumises au conseil privé qui peut y faire droit s'il les estimait fondées; mais, dans le cas contraire, sa décision ne fait nul obstacle à ce que la réclamation soit soumise, par la voie contentieuse, au même conseil privé constitué, avec l'adjonction de deux magistrats, en conseil du contentieux administratif. C'est ce qu'ont implicitement reconnu deux arrêts du 23 mars 1854 (Vermeil et Cie, p. 223), et du 22 juin 1854 (Descamps, p. 583), qui ont statué au fond sur des réclamations en matière de contributions directes aux colonies.

« Mais le conseil peut-il aussi connaître des contestations en matière d'impôts indirects? Cette matière qui, nous l'avons vu, n'appartient pas au contentieux administratif en France, y aurait-elle été rangée aux colonies?

« L'art. 175, § 6, répond à cette question, de manière à ne laisser aucun doute. De même que dans son paragraphe précédent il appelle le conseil privé à connaître administrativement du contentieux des contributions directes, avant tout débat devant la juridiction du conseil du contentieux, de même il l'appelle à connaître administrativement du contentieux des domaines, de l'enregistrement, des douanes et des contributions indirectes. Mais il ajoute que c'est « sans préjudice du recours des parties devant les « tribunaux ordinaires. »

« Il suit de là que si le conseil privé, statuant administrativement en vertu de l'art 175, est appelé à se prononcer au préalable sur toute réclamation des contribuables, soit en matière de contributions directes, soit en matière de c[illegible]ntributions indirectes, le conseil du contentieux administratif n[illegible] compétence qu'en matière de contributions directes, en vertu de [illegible] disposition finale de l'art. 176, les contestations sur les impôt[illegible] indirects se trouvant expressément réservées à l'autorité judic[illegible]ire, en vertu de l'art. 175, § 6.

« Cela étant, il ne nous reste plus qu'un dout[illegible] à élucider pour résoudre la question de compétence dans cette [illegible]faire, c'est de savoir dans quelle catégorie doivent être rangés les [illegible]roits de sortie sur les sucres qui font l'objet du litige actuel.

« Est-ce un impôt direct? Dans ce cas, le consei[illegible] privé constitué en conseil du contentieux administratif, était [illegible]mpétent en première instance, et le conseil d'État le serait en ap[illegible] pour connaître de la demande du sieur Souques.

« Est-ce, au contraire, un impôt indirect? Dans [illegible] cas, il n'appartiendrait qu'à l'autorité judiciaire de prononcer [illegible]éfinitivement sur la question. Eh bien! messieurs, sur ce dern[illegible]er point, nous ne croyons pas qu'il puisse y avoir de doute sérieux. Il s'agit d'un impôt perçu par les agents de la douane sur les sucres à leur sortie, à raison de leur poids, et par application d'un tarif voté par le conseil général de la colonie, en vertu d'une délégation qu'il tient du sénatus-consulte du 4 juillet 1866 pour le vote des taxes et contributions de la colonie. Un pareil impôt, par cela seul qu'il est perçu sans rôle nominatif, rentre évidemment dans la définition que nous avons donnée de l'impôt indirect.

« Peu nous importe, d'ailleurs, qu'à l'origine, en 1763, époque où il fut établi pour la première fois dans la colonie, cet impôt ait eu pour but de remplacer le droit de capitation sur les esclaves employés à la culture de la canne à sucre, lequel tenait lieu lui-même de l'impôt foncier, et qu'il ait eu ainsi pour objectif la terre en culture de canne à sucre.

« Que cela ait suffi, dans les idées économiques du temps, pour attribuer à cet impôt le caractère d'un impôt foncier, qui était alors considéré comme l'impôt direct par excellence, nous n'entendons nullement le contester. Cette considération explique que, dans les documents émanés des autorités coloniales, l'impôt sur les sucres ait continué, jusque dans ces derniers temps, à être rangé dans la catégorie des impôts directs. Mais, quelle que soit l'autorité de ces documents, ils ne sauraient avoir pour effet de changer le caractère d'un impôt tel qu'il résulte de notre système financier, et, en dénaturant le caractère, de changer la compétence dont il relève.

« Or, ce caractère, il doit se déterminer, non plus d'après l'objectif plus ou moins immédiat de l'impôt, mais uniquement en raison de son mode de recouvrement.

« Les contributions sont directes ou indirectes, suivant qu'elles sont perçues au moyen d'un rôle nominatif, ou sans rôle nominatif, par application d'un tarif fixé par la loi.

« Or, le droit sur les sucres à la Guadeloupe est dans ce dernier cas ; c'est donc un impôt indirect.

« Aussi bien, depuis le sénatus-consulte du 4 juillet 1866, qui lui a donné des pouvoirs si étendus en matière financière, le conseil général de la colonie a eu l'occasion de remanier les cadres de ses budgets : les contributions y sont divisées en deux grandes catégories : 1° contributions sur rôles ; 2° droits perçus sur liquidation ; catégories qui correspondent exactement à celles des contributions directes, d'une part, et des contributions indirectes de l'autre. C'est dans la dernière que se trouvent rangés les droits sur les sucres.

« Il nous paraît donc certain que si tel est bien le caractère d'un pareil impôt, il en résulte qu'en vertu des règles de compétence applicables, nous l'avons démontré, aux colonies aussi bien qu'en France, c'est à l'autorité judiciaire qu'il appartenait de prononcer définitivement sur la réclamation du sieur Souques.

« Le conseil du contentieux administratif de la colonie aurait donc dû se déclarer incompétent pour en connaître.

« Nous concluons, en conséquence, à l'annulation pour incompétence de l'arrêté attaqué, et au rejet de la demande sur laquelle il a incompétemment statué, et qui n'était pas recevable devant sa juridiction. »

La jurisprudence est donc, vous le voyez, d'accord avec la doctrine administrative pour établir que le droit à la sortie n'est pas l'impôt foncier, et que le conseil général a compétence pour statuer sur la modification, le maintien, la suppression ou l'augmentation de ce droit.

Cette question de compétence avait besoin d'être élucidée, car la solution que vous allez prendre, quelle qu'elle soit, ne doit pas être assise sur un malentendu ou sur une erreur juridique.

Mais, messieurs, aucun de vous sans doute ne l'a oublié, le conseil général ne peut que délibérer quand il s'agit de modifier l'assiette ou les règles de perception de l'impôt, et sa délibération, qui peut être approuvée provisoirement par le gouverneur, est soumise, en dernier ressort, à la consécration des pouvoirs métropolitains. En surtaxant le sucre d'usine, changerez-vous l'assiette de l'impôt? Je le pense, car vous allez établir un droit sur la qualité du sucre, sur sa valeur relative, alors que dans l'état actuel des choses le droit existe sur le sucre, abstraction faite de sa valeur et de sa qualité. M. le gouverneur approuvera-t-il votre délibération ? Je n'ai pas mission de vous le promettre. Il est possible que le chef de la colonie, en considération de l'importance de la question, croie nécessaire de suspendre l'exécution de votre délibération jusqu'à ce qu'elle ait obtenu l'approbation du département. Vous ne pouvez pas négliger cette considération qui est de nature à exercer une sérieuse influence sur la détermination de vos prévisions budgétaires.

Avant de clore cette partie de la discussion, je tiens à répondre à une dernière objection qui a été présentée contre le classement du droit à la sortie parmi les impôts indirects. On a dit : « Si le droit à la sortie est un impôt indirect, les centimes additionnels dont les communes ont profité jusqu'à ce jour ont été illégalement perçus ; ils sont sujets à répétition, et toutes les taxes de même nature qui seront réclamées dans l'avenir provoqueront inévitablement les vives protestations des contribuables. » Nous serions donc menacés d'une immense quantité de procès et d'une résistance aussi redoutable que peu patriotique. Messieurs, il faut vous rassurer tout de suite. Le droit à la sortie est par sa nature direct ou indirect ; cette qualité lui est intrinsèque ; elle résulte des principes supérieurs du droit public, il ne suffit pas d'une déclaration, ni même d'une délibération d'une assemblée coloniale pour en opérer la transformation. Si donc la question de légalité des centimes additionnels se présente actuellement, c'est qu'elle est née depuis longtemps ; elle est aujourd'hui, elle sera demain ce qu'elle était hier. La décision, quelle qu'elle soit, que le conseil général va rendre, ne modifiera donc en rien la situation des communes. Cette préoccupation écartée, examinons quelle peut être la portée de l'argument.

Rien n'indique, dans notre organisation coloniale, que les centimes additionnels ne puissent être perçus que sur les contributions directes. En France, il est vrai, il est de principe que les centimes additionnels ne sont perçus que sur les contributions directes. C'est ce qui résulte des lois du 15 frimaire an VII et du 15 mai 1818. Cette indication d'une des ressources les plus importantes des communes se justifie par des considérations tirées de la nature même de l'impôt : il s'agissait d'assurer l'existence des communes en leur créant des ressources qui ne fussent pas exposées à de dangereuses fluctuations. Tel a été le rôle des centimes additionnels. Ces centimes eussent pu, assurément, être tout aussi bien ajoutés aux contributions indirectes qu'aux contributions directes ; mais la perception des impôts de cette dernière catégorie est très inégalement répartie sur le territoire ; telle commune eût pu tirer un produit surabondant de ces centimes additionnels sur les contributions indirectes, tandis que telle autre serait restée dans le dénuement. Avec les contributions directes, au contraire, cet inconvénient n'était pas à redouter : chaque commune a ses maisons, ses industries, ses plantations ; les municipalités trouvent là une source assurée où elles peuvent puiser les revenus qui leur sont nécessaires, et ainsi peut être déterminée facilement la part de la richesse publique qu'elles ont le droit de revendiquer à leur profit.

La loi a pris soin de déterminer les contributions directes sur lesquelles des centimes additionnels doivent être établis. Tantôt ces centimes ne s'ajoutent qu'à l'impôt foncier et à l'impôt personnel, tantôt ils sont les accessoires des quatre contributions.

Tel était l'état de la question, lorsque la loi du 18 juillet 1837 est venue fixer les règles de l'organisation municipale. Cette loi, déterminant les ressources ordinaires des communes, y fait entrer le produit des *centimes ordinaires affectés aux communes par les lois de finances*. Toutes les lois de finances qui se sont succédé ont respecté le principe de l'origine des centimes communaux ; mais il est évident qu'elles eussent pu y renoncer, et étendre les centimes additionnels, de même que les décimes, aux contributions indirectes.

Quelle est maintenant la situation spéciale de la Guadeloupe?

Le décret du 20 septembre 1837, organique des municipalités, place au nombre des ressources des communes :

1° Les centimes additionnels sur la taxe des loyers de maisons dans les villes et bourgs ;

2° La taxe qui sera établie sur les nègres de grande culture, additionnellement au droit en remplacement de la capitation ;

3° Les centimes additionnels sur les nègres des villes et autres communes dont la capitation est payée directement par les maîtres ;

4° Des centimes additionnels au droit de patente industrielle.

Jusque-là les centimes additionnels reposent incontestablement sur des impôts directs, ou plutôt ils constituent eux-mêmes l'impôt direct des communes. Les centimes additionnels à la sortie n'existaient pas.

Mais l'article 66 du décret de 1837 avait complété l'énumération des revenus des communes par l'indication suivante : « La perception des différentes taxes établies ou à établir dans les communes. »

Et quelle est l'autorité qui était alors investie du droit d'établir, en matière municipale, des taxes nouvelles, directes ou indirectes? C'était le conseil colonial qui pouvait prendre, en cette matière, sur la proposition du gouverneur, des décrets ayant force de loi.

Survint la révolution de 1848, qui fit passer au commissaire du gouvernement tous les pouvoirs précédemment conférés au gouverneur et au conseil colonial. Or, par son arrêté du 8 novembre 1848, le commissaire de la République, fixant dans la plénitude de ses pouvoirs le tarif des taxes municipales pour 1849, y inscrivit : « 10 pour 100 sur le produit des droits de sortie, des sucres, cafés et sirops. » Les mots centimes additionnels ne furent même pas écrits. On pourrait dire tout aussi bien que le législateur de 1848 avait réservé aux communes un décime sur le droit à la sortie. Un décime additionnel ou 10 centimes additionnels représentent bien le même objet et la même idée. Pourquoi donc critiquerait-on les centimes additionnels s'appliquant à un impôt indirect, alors que le décime serait à l'abri de toute contestation?

Voilà la source de la taxe additionnelle qui frappe le sucre à la sortie, au profit des communes. Sous l'empire de la législation de 1837, le montant des différentes taxes additionnelles était déterminé par le décret des recettes, lequel était pris par le conseil colonial et rendu exécutoire par le gouverneur.

Lorsque les décrets coloniaux disparurent avec les conseils coloniaux, le décret des recettes n'exista plus pour les communes, et comme les sénatus-consultes de 1854 et de 1866 ne transmirent pas au conseil général les pouvoirs dévolus autrefois au conseil colonial, la fixation des taxes communales entra dans la matière des délibérations ordinaires des conseils municipaux, lesquelles sont rendues exécutoires par décisions du gouverneur.

C'est pour cette raison, et en vertu de l'arrêté-loi du 9 novembre 1848, que le gouverneur de la Guadeloupe a pu légalement comprendre chaque année les centimes additionnels sur les droits à la sortie parmi les revenus des communes.

A partir de 1868, le tarif des taxes municipales, arrêté par le gouverneur après avis du conseil général, fixe le nombre des centimes additionnels à percevoir sur les contributions directes et *indirectes*. Et, parmi les contributions désignées à ce tarif, une seule, le droit à la sortie, peut être qualifiée impôt indirect. Il n'est pas possible d'admettre que, par le seul fait de ce classement rationnel, les communes aient pu perdre leurs droits à la perception des centimes additionnels. Ce qui paraît plutôt à l'abri de toute contestation, c'est que cette perception leur a été assurée sur des taxes déterminées, indépendamment de la nature de ces taxes.

Je pourrais m'arrêter ici, Messieurs; mais je tiens à dire toute ma pensée, puisqu'aussi bien il s'agit d'une question qui touche à l'un de nos plus grands intérêts. Et je vais aborder le second point de la discussion. Est-il équitable que le sucre d'usine soit imposé dans une plus forte proportion que le sucre brut? Je n'hésite pas à répondre par l'affirmative.

S'il est un principe incontestable en matière d'impôts, c'est que chacun doit contribuer aux charges publiques dans la mesure de ses revenus. Quand il s'agit de produits industriels, le seul *criterium* qui puisse permettre, indépendamment de la quantité d'objets fabriqués, d'évaluer approximativement ce revenu, c'est la valeur de la marchandise. C'est ainsi que dans le tarif des douanes métropolitain, un grand nombre d'objets fabriqués sont imposés plus ou moins, suivant leur valeur commerciale. Quelques produits, il est vrai, tels que les vins ordinaires, les eaux-de-vie en bouteille, ont été frappés d'un droit uniforme: mais la véritable cause de cette uniformité, c'est la difficulté qu'il y aurait eu à déterminer la valeur relative de la marchandise. Or, la valeur du sucre turbiné est en moyenne supérieure à celle du sucre brut, et pour le constater, il n'est pas nécessaire de recourir à des procédés douteux d'investigation. Si l'on fixe le prix du sucre brut à 45 francs les 100 kilogrammes, et celui du sucre turbiné à 60 francs, pour prendre des évaluations qui remontent déjà à une époque assez éloignée, on voit que le premier paye à la colonie 4 fr. 44 cent. pour 100, décime non compris, et le second, 3 fr. 33 cent. pour 100. On peut se demander si une pareille situation n'est pas contraire à cette règle d'égalité sur laquelle chacun de vous appuie son argumentation.

L'ancienne législation avait maintenu ce principe que le produit doit payer en raison de sa valeur. Aussi avait-elle établi un droit sur le sucre brut, un droit plus élevé sur le sucre terré qui représentait, sous un volume égal, une valeur supérieure. On objecte que le sucre terré, considéré comme produit direct du sol, présentait, sous un volume moindre, et pour une valeur égale, le résultat de la fabrication d'une égale quantité de cannes, que, par conséquent, il était naturel, le droit à la sortie n'étant pas autre chose que la redevance du sol, que le sucre terré payât, à volume égal, plus de droit que le sucre brut. Messieurs, cette théorie du droit a la sortie envisagé comme équivalent absolu de l'impôt foncier étant écartée, la réponse est facile. L'État, en dispensant les producteurs coloniaux de la charge de l'impôt foncier, a passé avec eux une sorte de forfait; il leur a dit : « Je ne vous ferai pas payer l'impôt, comme dans la métropole, en raison de la qualité de vos terres et des revenus dont elles sont susceptibles; mais je saisirai vos denrées au moment de leur sortie, et je les assujettirai à un droit de quelque source qu'elles proviennent, et quelque préparation qu'elles aient subie. » Et pour se conformer aux recommandations contenues dans les instructions de l'époque autant qu'aux règles générales qui régissent cette matière, l'État ajoute : « Je frapperai vos denrées en proportion de leur valeur. » C'est pour cela que le sucre terré était plus imposé que le sucre brut. On insiste, et l'on fait remarquer que l'usinier, grâce à son industrie, fait sortir plus de sucre que le propriétaire de la terre n'en eût produit, que telle n'était pas la situation du fabricant de sucre terré; d'où l'on conclut qu'il serait souverainement injuste de surtaxer cet excédent de fabrication. Mais quel intérêt peut-il donc y avoir, au point de vue fiscal, à ce que le sucre exporté soit turbiné au lieu d'être brut, et si l'on admet, dans le système de l'unité de droit, que l'impôt frappe la denrée sans distinction de provenance, n'est-il pas certain qu'il y aurait avantage pour la caisse locale à ce que les usines ne livrassent à l'exportation que des sucres bruts? La supériorité de fabrication de ces établissements restant la même, ce qui peut se concevoir facilement, la quantité de matières ainsi exportée serait plus grande, et la somme du droit perçu plus considérable. La surtaxe rétablit donc une sorte d'équilibre; elle reproduit l'ancienne proportionnalité qui s'est trouvée rompue par la disparition du sucre terré, elle ramène à la valeur de la bonne quatrième prise pour base, une quantité déterminée de sucre turbiné soumise au droit. Écarter le principe de cette surtaxe, ce serait soustraire à l'action du fisc une certaine quantité de matière imposable.

Je sais qu'on me répondra que la règle en vertu de laquelle

le produit doit être frappé suivant sa val r est d'une application rationnelle dans la métropole, parce que là le droit reste à la charge du consommateur, tandis qu'aux colonies, il est supporté par le producteur. Messieurs, le fait est vrai; mais puisque nous sommes ici sur le terrain des principes, il ne faut pas oublier que tout droit, à l'entrée ou à la sortie, sur un objet de consommation, doit théoriquement au moins, se répercuter sur le consommateur. Le fait particulier et exceptionnel d'un petit pays dont les produits sont trop peu importants pour modifier les cours du marché ne change rien à cette constatation. La règle est donc ici la même qu'en France; et d'ailleurs il n'est pas prouvé qu'il soit plus juste de frapper le consommateur que le producteur.

Et si vous comparez la situation du produit métropolitain à celui du produit colonial, que constatez-vous? Le produit métropolitain supporte d'abord l'impôt foncier, car, remarquez-le, aujourd'hui comme autrefois, la terre peut pas être, en cela, séparée de son produit; et comme le budget métropolitain de même que le budget colonial, a besoin de ressources, ce même produit est soumis à un droit de consommation, d'un intérêt purement fiscal, et dont le but est seulement d'alimenter les caisses du Trésor. Ce droit de consommation est réglé d'après la valeur de la marchandise. Aux colonies, où l'impôt de consommation n'existe pas, le droit à la sortie en tient lieu et en remplit l'office au point de vue du budget. Que cet état de choses crée une situation d'infériorité à nos produits qui doivent acquitter, après le droit de sortie colonial, le droit de consommation métropolitain, ce n'est pas contestable; mais je le répète, il s'agit ici d'une question purement fiscale.

J'ai dit que le sucre brut était vis-à-vis de l'impôt dans une situation d'infériorité bien constatée par rapport au sucre d'usine. Si l'on suit le produit à son lieu de destination, en France, on voit cette infériorité s'accentuer. Vous savez en effet que les poudres blanches d'origine étrangère supportent, à leur entrée dans les ports de la métropole, un droit différentiel qui a été autrefois jusqu'à la prohibition. C'est là, pour les sucres turbinés, un incontestable avantage, puisqu'ils sont ainsi protégés contre la concurrence étrangère. Le sucre brut ne jouit pas de cette protection, ou du moins il n'en jouit que dans une mesure beaucoup plus restreinte.

Je sais encore qu'on pourra tirer argument de ce que l'usine est assujettie à un droit de patente, pour demander la similitude de traitement entre elle et le producteur de sucre brut; mais cette patente, vous savez ce qu'elle représente par rapport à l'importance de l'industrie qu'elle abrite. Trois usines seulement payent des patentes hors classe qui ne peuvent pas s'élever au-dessus du maximum de 5,000 francs. Plusieurs ne sont soumises qu'à des patentes réduites de 6e ou de 8e classe; d'autres ne payent rien, parce qu'elles manipulent des matières premières qui proviennent des propriétés mêmes sur lesquelles elles sont établies. Ce revenu de la patente est donc parfaitement négligeable par rapport aux grands intérêts dont on voudrait en faire le contre-poids.

J'ai tenu, Messieurs, à placer sous vos yeux les différents arguments qui me semblent de nature à justifier ces deux affirmations : le conseil général a qualité pour modifier, par une délibération, la situation actuelle des sucres par rapport au droit de sortie; cette modification, dans le sens d'une proportionnalité à établir entre les deux produits, eu égard à leur valeur, est légitime et équitable.

Ces principes une fois posés, il appartiendra au conseil général, et c'est ici que se place la question d'opportunité, de mesurer la portée des conséquences qu'il peut en tirer. Il examinera si notre industrie dont les produits sont soumis, non seulement à l'impôt colonial, mais encore aux frais de transport et au droit métropolitain de consommation, n'est pas déjà dans un état d'infériorité qu'il importerait de ne pas aggraver. Le droit à la sortie pèse plus lourdement sur les sucres de la Guadeloupe que sur ceux de la Martinique et de la Réunion. Si l'on se reporte aux évaluations des dernières mercuriales de l'année 1880, le sucre brut à la Martinique étant coté à 41 francs, et le sucre turbiné, à 53 francs, on voit que les droits perçus à raison de 2 fr. 50 cent. pour 100 sur ces deux denrées, dans la colonie voisine, seraient de 82 centimes et de 1 fr. 33 cent. par 100 kilogrammes. A la Réunion, où le droit *ad valorem* est fixé à 4 pour 100, si l'on accepte les mêmes évaluations commerciales, on constate que le sucre turbiné payerait 2 fr. 12 cent. et le sucre brut 1 fr. 64 cent. par 100 kilogrammes. N'est-il pas à craindre qu'en accentuant encore la différence déjà grande qui existe à ce point de vue de l'impôt, entre les sucres de la Guadeloupe et ceux de ces deux colonies, vous ne fassiez à notre production une situation trop défavorable; et ne serait-il pas préférable que cette proportionnalité qui semble devoir exister entre les droits s'appliquant aux deux produits, fût établie par une autre combinaison que celle qui vous est proposée? Je laisse la solution de cette question à la sagesse et au patriotisme du conseil général.

M. Jérôme. Messieurs, avant de vous entretenir de la question qui nous occupe, permettez-moi d'appeler votre attention la plus complète sur la contradiction qui existe entre le raisonnement développé, dans une de nos précédentes séances, par notre honorable collègue M. Souques, relativement à l'immigration, et celui qu'il a soutenu hier et aujourd'hui en vue de la taxation uniforme des sucres.

Si je ne me trompe, M. Souques, pour combattre mes arguments, et contester l'exactitude de mes chiffres touchant la proportion contributoire de l'hectare de terre planté en cannes — proportion que je fixais à 13 fr. 80 cent., et que je considérais dès lors comme représentative de l'impôt foncier — M. Souques, dis-je, s'écriait : « Pourquoi M. Jérôme n'a-t-il pas poussé plus loin ses investigations? Pourquoi n'a-t-il pas tenu compte, dans son exposé, des droits de consommation qui frappent le tafia, puisqu'en définitive cet impôt est encore un des revenus du sol? Pourquoi ne pas faire état de ces droits dans l'espèce? »

J'ai déjà eu occasion de répondre à M. Souques, en lui disant que c'est parce que les droits de sortie seuls m'avaient paru représenter l'impôt foncier, que je ne m'étais pas préoccupé d'un impôt indirect. Il était donc dans la pensée de M. Souques de considérer le droit de sortie comme une taxe indirecte, ou tout au moins mixte.

Je n'entrerai pas dans l'examen de cette question sur laquelle M. le directeur de l'intérieur vient de faire la pleine lumière. Ce qu'il importe de remarquer, messieurs, c'est qu'il y a quelques jours, pour les besoins de la cause, le droit de sortie était qualifié impôt indirect, et qu'aujourd'hui, véritable Protée budgétaire, ce droit redevient impôt foncier, c'est-à-dire impôt direct.

M. Duchassaing. Non, non, nous n'avons jamais dit cela.

M. Jérôme. Le procès-verbal en fait cependant mention.

Je continue.

Ne l'oublions pas, Messieurs, on soutient devant vous, et dans un intervalle très rapproché, des arguments tout à fait contradictoires, toujours au bénéfice de la défense.

Cette observation faite, considérons les opinions qui se trouvent en présence. L'une voudrait maintenir l'état de choses actuel; l'autre voudrait surtaxer le sucre turbiné. Toutes deux se réclament de la justice et de l'équité.

La justice, serait-elle dans le maintien du *statu quo*, c'est-à-dire dans la disproportion qui, eu égard à la valeur différente des sucres, existe dans la quotité actuelle du droit de sortie, lequel ne *distingue* pas — j'insiste sur le mot — ne *distingue* pas entre le sucre d'usine, dont la valeur est supérieure, et le sucre d'habitant, dont le prix est moindre?

Ou bien, la justice se rencontrerait-elle dans la proposition de surtaxer les sucres d'usine *en raison de leur plus-value?*

Poser ainsi la question, c'est la résoudre.

Oui, messieurs, il n'est pas juste, — ne craignons pas de le dire, puisque c'est la vérité — il n'est pas juste que la tarification soit la même pour le sucre brut que pour le sucre d'usine. Qu'on ne vienne pas soutenir que le sucre d'usine n'est pas d'une valeur supérieure. Autrement, où serait la nécessité d'établir à grands frais des usines aux appareils perfectionnés, des usines toujours à la recherche de procédés de fabrication plus avantageux, s'il ne s'agissait pas d'obtenir des produits d'une cote plus élevée?

Nous avons donc le devoir de proportionner l'impôt à la valeur respective de chaque espèce de sucre, car l'égalité entre elles blesse la justice.

Nous saurons remplir ce devoir, je l'espère; mais il faut se demander encore s'il convient de taxer le sucre d'usine à raison de 3 francs, ou s'il ne convient pas plutôt de réduire cette quotité, qui paraît excessive. D'accord sur le principe, nous devons éviter de nous diviser sur l'application.

En se ralliant à la proposition qui tend à taxer le sucre d'habitant à 2 francs et le sucre d'usine à 2 fr. 50 cent., le conseil aura, je crois, trouvé la meilleure solution du débat : la proportionnalité sera dès lors bien observée, et l'équilibre rétabli entre les deux produits. De la sorte, nous aurons aussi prouvé, messieurs, que la démocratie sait ménager tous les intérêts, parce qu'elle n'exclut ni la mesure, ni la justice, ni la sagesse.

M. Ch. Gervais. Tout à l'heure, notre honorable collègue M. Duchassaing disait que je lui avais déclaré n'être pas partisan de l'impôt *ad valorem*, qui frappe les marchandises à l'entrée dans la colonie. J'ajouterai que mon opinion est motivée par les difficultés que rencontre la douane à obtenir des valeurs toujours exactes pour établir les droits.

Tel n'est pas le cas lorsqu'il s'agit du sucre turbiné, sa plus-value sur le sucre d'habitant étant manifeste et ne demandant qu'à être évaluée.

Les divers orateurs qui ont pris la parole sur cette question l'ont du reste suffisamment élucidée pour qu'à cette heure chacun de nous ait une opinion arrêtée. C'est pourquoi, trouvant juste et équitable la proposition de notre honorable collègue, M. Lacascade, je la soutiendrai par mon vote.

DIX-NEUVIÈME SÉANCE. — 14 JANVIER 1881

Continuation de la discussion sur la surtaxe différentielle à imposer aux sucres turbinés.

M. LE PRÉSIDENT. L'ordre du jour appelle la continuation de la discussion sur la proposition de la commission financière d'imposer une taxe différentielle aux sucres turbinés.

La parole est à M. Le Dentu.

M. LE DENTU. Depuis la discussion d'hier, je me suis convaincu qu'il existait un malentendu sur la question de compétence du conseil à voter la surtaxe proposée. Avant de poursuivre cette discussion, je crois qu'il est essentiel de détruire ce malentendu. Il en est peut-être parmi nos collègues qui pensent que le droit du conseil à cet égard a été contesté hier d'une manière absolue. Il n'en est rien ; il s'agissait uniquement de savoir de quel pouvoir le conseil général allait faire usage, s'il allait *statuer* ou seulement *délibérer*. Dans cette question, par une omission fâcheuse, on n'a pas encore recouru aux textes. Je vous demande la permission de vous placer les textes sous les yeux.

Aux termes de l'article 1er du sénatus-consulte du 4 juillet 1866, le conseil général statue.... sur les taxes et contributions de toute nature nécessaires pour l'acquittement des dépenses de la colonie. Aux termes de l'article 3 du même sénatus-consulte, le conseil général délibère....; 4° sur le mode d'assiette et les règles de perception des contributions et taxes. Et d'après le décret du 11 août 1866, ses délibérations sont, suivant les cas, approuvées par décret du chef de l'État, rendu en forme de règlement d'administration publique, c'est-à-dire le conseil d'État entendu, ou par simple décret, rendu sur le rapport du ministre de la marine et des colonies. C'est le cas actuel.

Il n'est douteux pour aucun de nous pas plus que pour M. le directeur de l'intérieur, que l'impôt proposé soit un impôt nouveau modifiant l'assiette du droit de sortie actuel. La commission l'a dit : il s'agit d'établir un impôt sur l'industrie. Or, jusqu'à présent, l'industrie ne supporte pas d'impôt. Cependant, dans la pensée de la commission, il s'agirait de *voter une simple taxe* et non de *délibérer*. Or, l'article 13 du décret du 26 juillet 1854 dispose :

« Est nulle toute délibération prise par le conseil général hors du temps de sa session, hors du lieu de ses séances, ou en dehors de ses attributions légales. »

Si l'on fait usage de l'article 1er du sénatus-consulte, le budget sera nul. C'est pourquoi j'ai dégagé ma responsabilité. Il n'y aurait donc, il ne pourrait y avoir dans cette question aucune intimidation ni menace.

M. Sarlat. Personne n'a dit qu'il s'agissait de voter une simple surtaxe en vertu de l'article 1er.

M. Le Dentu. Pardon; c'est ce que dit expressément le rapport de la commission. Elle propose la surtaxe « de par le droit que l'article 1er du sénatus-consulte du 4 juillet 1866 lui confère de voter les taxes et contributions de toute nature nécessaires à l'acquittement des dépenses publiques. »

Quand je disais : Vous n'avez pas le droit de voter la surtaxe, j'entendais que vous n'aviez pas le droit de le faire dans les termes que propose la commission. M. Souques l'a dit aussi hier, dès le début de son discours : il s'agit pour vous de délibérer. Vous êtes dans la situation de la Chambre des députés vis-à-vis du Sénat; et encore le conseil est-il plus puissant que la Chambre des députés, car aucune loi votée par celle-ci ne peut être rendue exécutoire si elle n'a été adoptée par le Sénat, tandis qu'ici nous sommes souverains dans la plupart des cas ; ce n'est qu'exceptionnellement qu'intervient le Président de la République, qui remplit à notre égard le rôle d'un Sénat. Qu'il soit donc bien entendu qu'en parlant pour le pouvoir supérieur en même temps que pour vous, on ne fait rien de désobligeant pour cette assemblée.

Je n'ai jamais mieux constaté que dans ce débat combien il est vrai que la lumière jaillit de la discussion. Après avoir entendu tous les orateurs qui ont pris la parole dans cette très intéressante question, je crois pouvoir en dégager l'argument décisif.

De deux choses l'une : ou l'impôt sur le sucre est un impôt direct ou c'est un impôt indirect. Après avoir entendu hier M. le directeur de l'intérieur, j'ai réfléchi et je me suis dit : « Si la taxe est indirecte, c'est une raison de plus de ne pas la voter, parce qu'il s'agirait d'un impôt pour lequel le contribuable ferait défaut, et que, pour la première fois dans les annales économiques, l'impôt indirect, en frappant le produit, refluerait vers l'industriel.

Je n'examine pas l'hypothèse dans laquelle l'industriel, par la force des choses, rejettera l'impôt sur le producteur de la matière première ; j'admets pour le raisonnement que la taxe que vous voulez créer doive rester à perpétuité sur la tête de l'industriel. Quelle serait cette taxe? Quelque chose d'inconnu jusqu'à ce jour dans tous les pays à budgets, c'est-à-dire civilisés : un impôt *sur le revenu brut.*

La commission, pour justifier la surtaxe, a considéré la valeur du sucre d'usine comparée à la valeur du sucre brut. Eh bien, on peut poser comme un axiome ce principe : un produit n'a jamais pour le fabricant que la valeur du revenu net qu'il lui procure, tandis que, pour le consommateur, ce produit a plus ou moins de valeur, selon le besoin qu'il en a ou la plus grande somme de jouissance qu'il en retire. Ces expressions : *articles de première nécessité, de moyenne nécessité, articles de luxe,* ne sont vraies qu'au point de vue du consommateur et non à l'égard du producteur.

Un fabricant de bijoux d'or fait pour un million d'affaires, il réalise 100,000 francs de bénéfices; la commission des patentes estime qu'il doit être imposé à raison de 5 pour 100 de son revenu et elle lui applique une patente de 5,000 francs. A côté de lui, voici un fabricant de bijoux de cuivre qui fait un million d'affaires et réalise 100,000 francs de bénéfices; si on veut frapper son revenu, on dira : 5 pour 100 sur 100,000 francs font 5,000 francs. Mais où trouverez-vous donc une commission des patentes qui dira : Voilà deux industriels qui gagnent chacun 100,000 francs, mais comme le produit de l'un a plus de valeur au kilogramme que le produit de l'autre, l'un payera 10,000 francs et l'autre 5,000 francs?

Mais quand les bijoux viennent à l'entrée, on dira : Nous sommes en présence d'un consommateur; la différence dans la valeur des produits appelle une différence dans la taxe à leur appliquer; et ici prennent naissance, mais seulement à l'égard du consommateur, ces expressions : marchandises de première nécessité, marchandises de moyenne nécessité, marchandises de luxe, dont je parlais tout à l'heure; quant au producteur, non seulement ces différences n'existent pas pour lui, mais encore si le fabricant de bijoux de cuivre gagne plus d'argent que le fabricant de bijoux d'or, c'est le bijou de cuivre qui a plus de valeur au point de vue de l'industriel.

Il peut même arriver qu'on voie le premier faire faillite et le second prospérer.

Si le conseil général perdait de vue ce principe, il ferait quelque chose de plus audacieux, économiquement parlant, que tout ce qui a été rêvé jusqu'ici par les plus hardis novateurs : il inventerait l'impôt sur le revenu brut.

Je prends un autre exemple dans la question même qui nous occupe; un habitant fabrique 2,000 barriques de sucre brut; il en existe, il en est qui possèdent jusqu'à trois, quatre habitations. Un usinier fait 2,000 barriques de sucre d'usine. Le premier réalise 50 francs de bénéfice par barrique, soit 100,000 francs; le second aussi 50 francs de bénéfice par barrique, soit encore 100,000 francs. Considérez les deux produits : ils auront une différence de valeur pour le consommateur à cause de la différence de jouissance qu'il en retirera; mais pour le fabricant, cette différence existe-t-elle? C'est pour cela que j'ai posé cet axiome : pour le producteur, le produit n'a de valeur qu'au point de vue du revenu qu'il procure; tandis que, pour le consommateur, cette valeur résulte soit du besoin plus ou moins pressant qu'il a du produit, soit de la jouissance plus ou moins grande qu'il en retire. Et voilà pourquoi les bijoux, les voitures, etc., payent 15 pour 100 à l'entrée; tandis que d'autres articles payent 5 pour 100 et d'autres encore sont affranchis de tout droit. Mais, dès l'instant qu'il s'agit d'un impôt destiné à frapper le producteur, considérer la qualité du produit et non le revenu qu'il donne, c'est violer tous les principes.

En matière d'impôt sur le revenu, les esprits les plus libéraux ne sont jamais allés au delà de ce qu'on appelle l'impôt *progressif*. Or, l'impôt progressif est encore l'impôt sur le revenu *net*. Vous savez, Messieurs, quelle est la différence entre l'impôt *proportionnel* et l'impôt *progressif*. Le premier se calcule ainsi : 1 pour 100 sur un revenu de 10,000 francs fait 100 francs; sur 20,000 francs, 200 francs; sur 30,000 francs, 300 francs, etc. Au contraire, l'impôt progressif se chiffre comme suit : 1 pour 100 sur 10,000 francs fait 100 francs; 2 pour 100 sur 20,000 francs donneront 400 fr.; 3 pour 100 sur 30,000 fr. font 900 francs et ainsi de suite. Vous voyez que l'idée de l'impôt progressif est une idée fort avancée. Or, c'est bien autre chose que vous feriez.

Le rapport de la commission, le même rapport que je combats actuellement, examine une proposition tendant à frapper le dividende des actions de la banque de la Guadeloupe d'un impôt de 3 pour 100, conformément à ce qui se pratique en France. Les auteurs de la proposition ajoutent que les actions d'usine ne seront pas soumises à cette taxe. Pour exonérer les actions d'usine, les auteurs de la proposition n'ont pu avoir que l'une ou l'autre de ces deux raisons.....

M. Lacascade, rapporteur. Je ferai remarquer que la discussion n'est pas ouverte sur la proposition dont il s'agit, qui n'a pas encore été développée.

M. Le Dentu. Je ne discute pas cette proposition, j'en tire un argument contre une autre proposition.

Je dis donc que les auteurs de la proposition, pour exempter de la taxe de 3 pour 100 les dividendes d'usine, n'ont pu être inspirés que par deux raisons; ou ils se sont dit : l'usine supporte déjà assez de charges, ou ils ont pensé que c'était assez de la surtaxe sur les sucres turbinés.

La première hypothèse ne pourrait que me fournir un argument; si les usines supportent déjà assez de charges, raison de plus pour ne pas leur demander davantage.

Dans la seconde hypothèse, je vais mettre en parallèle ce que produira la taxe sur l'action de la banque et ce que produira la surtaxe sur les sucres d'usine. Posons quelques chiffres. Je ne mettrai pas en ligne de compte ce que l'on paye actuellement et qui représente l'impôt foncier; je ne m'occuperai que de l'excédent dont on veut frapper l'usine.

Une usine produisant 2,500 barriques de sucre obtient, à raison de 50 francs par barrique, un revenu de 125,000 francs. La surtaxe de 50 centimes par 100 kilogrammes, ou 2 fr. 50 c. par barrique de sucre de 500 kilogr., représentera 6 250f 00

Deux décimes sur cette somme feront. 1 250 00

30 centimes communaux additionnels feront encore 1 875 00

Total. 9 375 00

Les 9,375 francs rapportés à 125,000 francs de bénéfice net, feront 7 et 1/2 pour 100! Si encore ce revenu de 125,000 fr. était constant, à l'abri de tout aléa! si encore il n'y avait pas des années où, au lieu de réaliser des bénéfices, on essuie des pertes!

Mais telle n'est pas la vérité : le revenu net peut tomber de 125,000 francs à 50,000 francs; il peut même disparaître entièrement; il peut être remplacé par une perte, et cependant les 9,375 francs seront toujours perçus! A-t-on jamais songé à une telle perception?

L'amendement Isaac est plus doux, il est vrai.

Si cette proposition était adoptée, elle ferait payer 1 franc de plus par barrique de sucre, soit avec les centimes additionnels, les doubles décimes, 3,750 francs au lieu de 9,375 francs dans l'exemple cité. Cela se rapprocherait des 3 pour 100 sur le revenu net de l'autre proposition. Cependant, pour diverses raisons, je ne puis y adhérer, et ces raisons sont assez sérieuses pour enlever toute idée de parti pris.

D'abord, je crois que les charges de l'industrie sont suffisantes et qu'il ne faut pas les aggraver; et puis l'amendement a cet immense danger d'introduire dans notre législation fiscale un principe auquel je ne puis m'associer, celui d'un impôt sur le revenu brut. Il y aurait là un grand danger pour l'avenir.

J'admets que le conseil général actuel s'en tiendra pendant toute la durée de sa législature aux mesures qu'il aura votées cette année; mais il faut regarder plus loin; comme les destins et les flots, les conseils généraux sont changeants; ils sont même quelquefois changés, nous le savons, et du moment que le principe de l'impôt sur l'industrie aura été adopté, on pourra en faire, à un moment donné, des applications exorbitantes.

Je me résume : il n'y a pas de différence de qualité dans les produits pour le producteur; ces différences n'existent que pour le consommateur. Perdre de vue cet axiome, c'est introduire dans nos lois fiscales l'impôt sur le revenu brut, et, une fois ce principe admis, on peut redouter tous les abus.

M. Célestin Nicolas. Ce n'est pas la première fois que les mandataires du pays ont exprimé le désir de voir établir une surtaxe sur les sucres d'usine; cette pensée, pour se manifester, n'a pas attendu l'avènement des partisans de la démocratie ; il y a douze ans, le conseil général estimait qu'il existait une inégalité flagrante entre le sucre d'usine et le sucre brut. Je n'entrerai pas dans l'examen de la question de droit, je la laisse traiter à de plus compétents ; mais, pour moi, il n'y a pas de doute que le conseil général a qualité pour délibérer sur la matière.

La taxe différentielle, d'ailleurs, a été appliquée dans la colonie il y a cinquante ans ; dès 1831, l'administration en avait senti la nécessité. Deux sucres se trouvaient alors en présence : le sucre terré et le sucre brut; le législateur établissait une différence de droits en raison de la différence de valeur dans les produits : tandis que le sucre brut acquittait 2 francs, le sucre terré payait 2 fr. 50 cent., plus un droit de pesage.

Vous voyez bien que la taxe de 3 francs proposée n'est que la suite de la pensée appliquée en 1831. On répondra peut-être que le sucre était fabriqué alors par des bras esclaves et que les bénéfices étaient plus considérables. Je crois que les bras esclaves ne coûtaient pas moins cher que les bras fournis par l'immigration aujourd'hui. Le maître était obligé de soigner, de nourrir son esclave à la conservation duquel il était plus intéressé encore qu'à la conservation de l'immigrant, car l'esclave était alors sa propriété. Je ne vois donc pas de différence de frais entre le système ancien et le nouveau. La colonie vient en aide à l'agriculture par l'introduction de bras étrangers, par l'attribution de primes considérables en vue de développer l'industrie sucrière et d'améliorer sa condition. La situation ne me semble donc pas moins avantageuse de nos jours qu'en 1831.

On nous dit que la marchandise est exportée et qu'elle n'a pas ici de consommateur; mais quand nous recevons les marchandises de France, nous payons les droits qu'elles ont supportés. De même celui qui consommera le sucre, où qu'il soit, remboursera dans le prix de la denrée les droits avancés par le producteur.

Je n'ai pas été convaincu par l'éloquence des orateurs que

j'ai écoutés, et je persiste à penser qu'il y a justice à imposer une surtaxe au sucre blanc.

M. Sarlat. Au début de la séance, M. Le Dentu a soulevé une question purement juridique qui n'est pas, selon moi, de nature à arrêter le conseil. Ou nous délibérons, et alors l'autorité compétente donnera à notre délibération la suite qu'elle comporte ; ou nous sommes souverains, et alors notre résolution sera de plein droit exécutoire ; ou nous sommes incompétents, et alors notre vote sera annulé par celui qui a qualité pour prononcer cette annulation.

L'objection, je le répète, ne doit donc pas nous arrêter.

Dans le discours éloquent qu'il a prononcé ce matin, l'honorable M. Le Dentu, s'élevant à des considérations générales, vous a dit d'abord que l'industrie sucrière portait inscrits sur sa bannière les trois mots formant la trilogie républicaine : *Liberté*, *Égalité*, *Fraternité*.

Je n'ai rien à dire à ces développements oratoires. L'industrie, partout où elle prend racine et établit ses assiettes, amène, avec la création des classes populaires, un développement certain de la richesse publique, et nécessairement un accroissement d'indépendance et de liberté. Aussi bien, Messieurs, ne s'agit-il pas ici d'une guerre faite à l'industrie, et je mets en fait que si une pensée de cette nature avait pu surgir dans quelques esprits ; que si, comme semble le croire M. Dubos, la proposition actuelle était le prélude d'une attaque dirigée contre ceux qui possèdent et qui ont acquis une fortune honorable par leur intelligence et leur labeur, — je ne pense pas, messieurs, que la majorité de cette assemblée eût pu la laisser se produire, parce qu'elle ne peut être guidée que par des sentiments de justice et d'équité.

De quoi s'agit-il donc ? Il s'agit, messieurs, d'appliquer le principe de la proportionnalité dans les impôts frappant le sucre ; il s'agit de faire ce que la Martinique a réalisé depuis longtemps ; il s'agit enfin de mettre plus de justice dans notre système fiscal en remplaçant le droit fixe, basé sur le poids, par le droit *ad valorem*, basé sur la qualité.

Que nous ont dit les orateurs qui ont parlé contre tout remaniement de notre système d'impôts ? Ils ont posé d'abord une question préjudicielle, et après avoir cherché à établir que le droit de sortie était un impôt foncier, ils ont conclu en nous refusant le droit d'en modifier la taxe.

Messieurs, je ne discuterai pas ce point préliminaire du débat ; il a été suffisamment éclairé, mis en lumière par les orateurs précédents, et nos opinions doivent être faites là-dessus. J'aurai seulement une double considération à présenter.

L'honorable M. Le Dentu voulant décomposer l'impôt indirect, y a trouvé trois éléments : le producteur, le fabricant, le consommateur. Quelle est l'incidence de cet impôt? Il retombe sur le consommateur. En est-il de même du droit de sortie? Non : un des éléments fait défaut : le consommateur; il faut aller le chercher ailleurs, à l'étranger, et par conséquent le droit de sortie ne présente pas tous les caractères de l'impôt indirect. Mais, messieurs, on pourrait soutenir par les mêmes considérations que le droit de sortie diffère de l'impôt foncier. Et en effet, si l'impôt foncier est direct par sa perception, il est indirect par son incidence; et si le droit de sortie retombe plutôt sur le producteur et le fabricant, suit-il le cours de l'impôt foncier dont le consommateur supporte le poids en dernière analyse?

Je passe à une autre considération.

On reconnait que l'impôt foncier frappe le revenu net, déduction faite de la faisance-valoir. Est-ce que le droit de sortie, présenté comme un impôt foncier, repose sur le revenu net? Y a-t-il d'exemple d'un impôt foncier frappant le revenu brut? Qu'est-ce que le droit de sortie sinon autre chose?

Aujourd'hui, il est vrai, la thèse a changé: l'argumentation le voulait ainsi. M. Le Dentu a soutenu tout à l'heure que la surtaxe serait un impôt sur le revenu brut. Mais c'est notre organisation fiscale qui le veut ainsi : le droit de sortie n'est et n'a jamais été autre chose qu'un impôt frappant le revenu brut. Sa protestation pourrait dès lors porter non seulement contre la proposition de M. Lacascade, mais contre l'état actuel des choses. Eh bien, il nous a dit qu'il demandait le *statu quo*.

Mais je soutiens que ce n'est pas le revenu brut qui est frappé. Ici, comme dans beaucoup de cas, comme, par exemple, quand il s'agit de la valeur locative d'une propriété, le revenu net est tout simplement présumé. M. Le Dentu vous a dit que le mouvement d'affaires n'était pas un signe, un thermomètre pour établir l'impôt. Cette affirmation est contraire à toutes les données économiques. Si le mouvement d'affaires n'est pas une base d'impôt, je demande où trouver cette base. Bien que la loi française n'ait pas encore établi un impôt sur le capital, il n'est pas moins vrai que les intérêts d'un capital mis en circulation sont la base la plus équitable sur laquelle un impôt peut être établi. Le droit de sortie, la taxe perçue sur le revenu brut présume donc le revenu net. C'est peut-être un vice, mais nous sommes ici en présence d'une organisation que nous n'avons pas créée.

On nous a présenté l'usinier accablé d'impôts, succombant sous le faix. Quelle est la valeur de ces affirmations?

Le caractère de notre industrie coloniale est l'union, la jonction de la production et de la fabrication. Si l'usine a réalisé le principe de la division du travail, elle a amené en même temps, et par suite de notre situation locale, la concentration dans les mêmes mains de la production et de la fabrication. Lorsque l'impôt frappe le produit de la culture et de la fabrication, il atteint ce produit après une transformation qui en a augmenté la valeur. Vous savez, Messieurs, que, en France il en est autrement; la production étant séparée de la fabrication, l'impôt suit le développement de l'objet et le frappe dans ses transformations successives. A la Guadeloupe, au contraire, les 2 francs sur les sucres représentent l'impôt dans son plein, l'impôt unique; au delà, l'habitant ni l'usinier ne payent rien; il y a bien pour ce dernier une patente, mais cette patente n'est qu'une autorisation, celle d'exercer une industrie.

Le tableau qui vous a été fait de la situation désolée de l'habitant, comparée à celle de l'agriculteur métropolitain, nous semble donc une fantaisie.

On s'est appuyé sur une autre considération, et nous avons entendu M. Le Dentu s'écrier : Comment! c'est au moment où le ministre des finances se présente radieux devant les chambres et qu'il leur demande des dégrèvements sur l'industrie sucrière, c'est ce moment que vous choisissez pour frapper d'une surtaxe le sucre turbiné!

Messieurs, M. le ministre des finances avait le droit d'être radieux en présence des résultats admirables qu'il communiquait aux chambres; mais il conviendrait de remarquer que lorsque la question a été soulevée dans le parlement, il a été bien précisé que les dégrèvements, pour être utiles à la généralité des citoyens, ne devaient porter que sur l'impôt indirect, qui retombe de tout son poids sur le peuple. Que nous dit M. Le Dentu? C'est que le droit de sortie est un impôt direct qui ne frapperait que le riche. La situation est donc différente; nous sommes dans la règle et nous suivons la voie normale.

Je ne veux pas occuper plus longtemps votre attention, Messieurs; mais quelle que soit l'opinion que nous puissions avoir sur le rôle politique et social de l'usine, nous ne sommes animés dans la situation actuelle d'aucun esprit d'hostilité contre ces établissements qui, comme toute industrie, ont le droit de vivre.

C'est pour ces raisons que je voterai la proposition de M. Lacascade; elle est juste et elle est attendue avec impatience.

La séance est suspendue.

Elle est reprise au bout de quelques minutes.

M. le Président. La parole est à M. Lacascade, rapporteur.

M. Lacascade, rapporteur. Je prie ceux de mes collègues qui voudraient combattre les conclusions de la commission de prendre la parole, me réservant de répondre en dernier lieu.

M. Souques. Je demande la parole.

M. Sarlat. Je demande la clôture.

M. le Président. La demande de clôture étant appuyée, je consulte le conseil.

M. Lacascade, rapporteur. Je ferai observer que M. Souques n'a pris la parole qu'une fois dans le débat.

M. Le Dentu. Je demande la parole contre la clôture. Il y a deux jours et demi, il est vrai, que nous discutons la proposition d'imposer une surtaxe aux sucres d'usine; mais si on considère le court exposé du rapporteur sur ce sujet; si on considère que sept orateurs seulement ont pris la parole; si on considère enfin le temps que nous prend la lecture de nos immenses procès-verbaux, on reconnaîtra que deux jours et demi sont bien peu de chose pour une question aussi importante.

M. Sarlat. En demandant la clôture, j'ai cru répondre à un désir général. Je ne nie pas qu'un supplément de discussion puisse être utile; mais après deux jours, je crois nécessaire de clore le débat. Nous avons d'autres matières, importantes aussi, telle que l'organisation de l'instruction publique, qui réclament de notre part un examen approfondi.

M. Rollin. Aux termes de l'article 24 de notre règlement, un seul membre peut prendre la parole contre la demande de clôture de la discussion. Or, M. Le Dentu ayant pris la parole, le conseil doit être consulté.

M. le Président. La clôture ayant été demandée, je consulte le conseil.

La clôture est repoussée par 25 voix contre 9.

M. le Président. La parole est à M. Souques.

M. Souques. Je supplie le conseil de m'excuser de le retenir encore un moment; mais je ne voudrais pas qu'il me fût reproché de ne lui avoir pas fourni tous les arguments de nature à le convaincre. Vous êtes législateurs au premier degré; le Président de la République sanctionnera ou repoussera votre délibération; il n'est donc pas étonnant qu'on s'efforce d'éclairer votre décision.

Hier matin, j'ai répondu à M. Lacascade sur ce qui s'était passé à la Martinique en 1872, et sur le procès intenté à la colonie de la Guadeloupe par le gérant de l'usine d'Arboussier. Ce que j'ai dit sur ce dernier point en l'absence de M. le directeur de l'intérieur, je dois le répéter succinctement devant lui.

J'ai dit que si le conseil d'État a été amené à déclarer que le droit de sortie était un impôt indirect, c'est parce que les documents versés au procès par l'administration étaient inexacts. Quoi qu'en disent les papiers administratifs, je prétends que le dernier législateur, celui de 1818, a établi d'une façon bien nette que le droit de sortie est un impôt foncier. Le texte est formel :

TITRE II.

CONTRIBUTIONS AFFÉRENTES A LA CAISSE COLONIALE. — CONTRIBUTIONS DIRECTES. — CONTRIBUTIONS FONCIÈRES.

« Art. 2. Droit de sortie sur les denrées de la colonie.

« Art. 3. Taxes sur les terres cultivées en vivres et fourrages et tous produits autres que la canne et le café.

« Par hectare en culture, 20 francs. »

On a beau dire que le droit de sortie est hybride, qu'il tient à la fois de l'impôt direct et de l'impôt indirect, le législateur répond : C'est une contribution directe; et cela est si vrai, que parmi les quatre contributions directes sur lesquelles il permet aux communes de percevoir des centimes additionnels, il range le droit de sortie.

Si le texte est formel, toutes les conséquences de mon argumentation sont logiques. Dira-t-on qu'en 1868, le conseil général a modifié la nature de cette contribution? Où est la délibération qu'il a rendue à cet égard? où est l'approbation donnée à cette délibération soit par le chef de l'État, soit même par le gouverneur? Vous ne pouvez rien produire; je suis donc fondé à dire que les choses sont en 1880 dans le même état qu'en 1868.

Je vous ai montré un tarif des taxes de 1865, dont le premier article range le droit de sortie parmi les contributions directes comme représentatif de l'impôt foncier; si trois ans après cette classification a été changée, si le droit de sortie a passé des impôts directs aux impôts indirects, je demande quel est le législateur qui a autorisé cette transposition? Personne ne peut me le dire. Je suis donc fondé à soutenir que l'administration a fait ce changement sans droit, et a exposé la société E. Souques et Cie à se voir opposer un texte auquel elle était dans l'impossibilité de répondre.

Je soutiens que la formule de 1818 est bien nette, et si son principe est admis, est admise aussi mon argumentation que le droit de sortie ne doit frapper que le produit du sol et non le produit de l'industrie.

Direz-vous que l'industrie ne contribue pas suffisamment aux charges de la colonie? L'industrie répondra : J'y contribue par l'impôt que vous percevez sur la plus grande quantité de sucre obtenue à l'aide de mes appareils perfectionnés et par la différence de rendement de la canne. L'usine produit 40 pour 100 de plus que l'habitant. Ou le droit de sortie est un impôt foncier, et je ne dois pas le payer; ou c'est un impôt indirect, et je le paye au delà. Si vous voulez faire une comparaison entre les bénéfices de l'usine et ses dépenses, je vous prouverai que celui que vous voulez frapper est celui qui souffre le plus.

L'impôt foncier, a dit M. Isaac, est de 9 pour 100 en France. D'après le dernier recensement, le revenu de l'impôt foncier est de 4.24 pour 100 en principal, plus 97 centimes additionnels, ce qui revient à peu près au chiffre indiqué par M. Isaac.

M. Isaac. J'ai dit que la fortune immobilière en France paye de 17 à 18 pour 100 de son revenu.

M. Souques. Ce n'est pas une appréciation que j'émets, c'est le texte d'une loi que j'invoque, la loi de frimaire an VII, toujours en vigueur, et d'après laquelle le chiffre de l'impôt foncier est de 5 pour 100 du revenu, avec une déduction de 25 pour 100. Quand la loi est là, comment peut-on dire que les chiffres que je donne sont inexacts? M. Isaac ajoute sans doute aux charges de l'impôt foncier les droits de timbre et d'enrégistrement.

Si donc le droit de sortie est un impôt foncier, que reste-t-il de la proposition nouvelle de frapper le produit en raison de sa valeur? Je ne reviendrai pas sur ce point qui a été éclairé par l'argumentation puissante de M. Le Dentu; mais qu'est-ce que le sucre turbiné? c'est un sucre qui s'en va, et c'est en France que le consommateur payera le droit de consommation. Quand une marchandise comme le sucre de betterave est vendue en France, c'est le consommateur qui paye l'impôt, et quand le producteur expédie sa denrée, le fisc lui rembourse les droits qu'il avait perçus à la sortie de la fabrique; six mille tonnes, après être entrées, sont réexportées, on restitue les droits qui avaient été acquittés à l'entrée, parce que le producteur ne doit jamais être frappé.

Qu'allons-nous faire en France quand nous y transportons nos sucres bruts? Nous allons continuer notre fabrication; nous sommes le premier degré de la fabrication; le raffineur est le deuxième degré.

Autrefois, comme encore aujourd'hui sur nombre de propriétés, quand le sucre était cuit, on le transportait dans un bâtiment appelé *purgerie* et on le plaçait sur des limandes pour le faire égoutter; cette opération durait très longtemps. Aujourd'hui qu'on est obligé d'économiser la surface couverte parce qu'elle coûte de l'argent, on a cherché à faire en vingt-quatre heures ce que la limande faisait en vingt jours. Le sucre en sortant de la chaudière est turbiné : 1er jet ; puis le sirop obtenu est recuit et turbiné : 2e jet, et ainsi de suite jusqu'à ce que le sucre ait été expurgé de la mélasse qu'il contient ; c'est un procédé plus rapide que la limande, mais qui produit le même résultat ; aussi, qu'il soit de 1er, de 2e ou de 3e jet, le sucre d'usine, en France, n'est jamais considéré que comme un sucre brut un peu plus épuré que les autres.

Vous voulez surcharger le sucre turbiné parce que, dites-vous, il a une valeur plus considérable. D'abord je vous ai démontré que le sucre d'usine payait déjà l'impôt indirect par la taxe imposée sur l'excédent tiré de la canne par ses machines perfectionnées. Mais soit ; voyons quelle est la valeur respective des deux produits.

Sur 100 kilogrammes de sucre, l'usine en a 60 de 1er jet et 40 de 2e, 3e et 4e jet. Les poudres blanches de 1er jet valent 12 francs les 100 kilogrammes de plus que la bonne quatrième, qui est le n° 13 de Hollande ; par conséquent en admettant la bonne quatrième à 40 francs les 100 kilogrammes ou 20 francs le quintal, la poudre blanche vaudra 52 francs les 100 kilogrammes. Les 40 autres kilogrammes provenant des 2e, 3e et 4e jet ne valant pas plus que la bonne quatrième, soit 40 fr. les 100 kilogrammes, nous aurons pour le sucre d'usine :

60 kilogrammes à 52 francs les 100 kilogrammes...	31 f 20
40 kilogrammes à 40 francs les 100 kilogrammes...	16 00
Total..........................	47f 20

Il y a donc entre les deux natures de sucre une différence de valeur de 7 fr. 20, ce qui donne une proportion de 18 pour 100, et si vous vouliez rester justes à vos propres yeux, la surtaxe que vous voulez établir ne devrait pas excéder 18 pour 100. M. Isaac a été plus logique. Je n'accepte pas sa proposition, parce que je prétends qu'elle créerait une injustice, qu'elle est contraire à la loi financière qui nous régit, qu'enfin elle n'a aucune analogie avec la législation métropolitaine, dont nous devons tendre à nous rapprocher le plus possible.

Je ne puis admettre la comparaison faite entre le sucre terré et le sucre d'usine ; le sucre terré enlevait un tiers de son poids à la barrique de sucre, assiette de l'impôt foncier ; c'est donc avec raison que le législateur faisait payer à la barrique de sucre terré un tiers de plus qu'à la barrique de sucre brut. Nous avons vu que le résultat contraire se produit avec le sucre d'usine qui, loin de réduire la production, l'augmente d'un tiers.

Je repousse donc le principe de la surtaxe et le chiffre proposé.

M. Isaac. C'est d'après M. Victor Bonnet que j'ai dit que la fortune mobilière en France paye de 17 à 18 pour 100; M. de Puynode soutint même que cette proportion est plus élevée.

M. Iphigénie. Messieurs, je croyais la discussion sur la surtaxe épuisée, et après les longues dissertations qui ont eu lieu sur ce sujet, je pensais qu'il n'y aurait plus place pour moi à une argumentation quelconque. Mais M. Le Dentu vous a fait des comparaisons entre la bijouterie or et la bijouterie cuivre; il est venu vous dire qu'aucun législateur n'a jamais songé à frapper le produit selon sa valeur brute. Quant à ce que pense cet orateur du revenu net, c'est-à-dire en acceptant la théorie qu'il a développée sur un chiffre de 100,000 francs gagnés soit par le fabricant de bijoux de cuivre, soit par le fabricant de bijoux d'or, il est certain qu'il a raison et j'accepte sans réserve ce qu'il a avancé.

Mais, Messieurs, c'est ici que je ne serai pas d'accord avec lui, et je crois pour ma part qu'il n'a pas bien réfléchi à la parité qu'il a faite de la bijouterie de cuivre et de la bijouterie d'or. Ce qu'il vient de vous dire est contraire à ce qui existe. Il y a justement en France un droit sur la bijouterie d'or qui n'existe pas sur la bijouterie de cuivre. Ce droit, Messieurs, est perçu par le gouvernement sous la rubrique suivante : *Droit de contrôle.*

Vous voyez donc, Messieurs, qu'il existe une différence entre ces deux produits; l'un a une valeur réelle, l'autre n'a qu'une valeur relative, c'est-à-dire la valeur donnée par la main-d'œuvre.

Puisque M. Le Dentu a comparé la bijouterie or à la bijouterie cuivre, il me permettra de lui répondre qu'en l'espèce la comparaison n'a pas réussi, et je vais essayer de le lui prouver.

Pour bien faire saisir ce que je vais avancer, il faut que je prenne pour base la matière première.

Qu'est-ce qu'on vient vous dire, Messieurs, en vous demandant une surtaxe sur le sucre blanc, en vous objectant que ce sucre vaut plus que le sucre brut? Pouvez-vous contester cela, Messieurs? Non, cela n'est pas possible.

Pour arriver à une solution, je prends, Messieurs, la matière première qui est la canne; cette canne passe en sirop, du sirop au sucre brut et du sucre brut au sucre blanc.

Pouvez-vous en dire autant du cuivre et de l'or? Pouvez-vous prouver qu'on peut faire de l'or avec le cuivre? Non, vous ne le pouvez pas.

Donc, je conclus qu'il n'y a absolument rien de semblable et qu'au contraire on pourrait s'appuyer sur cette argumentation pour frapper le sucre turbiné.

Passons maintenant à une autre thèse. M. Le Dentu vous argumente qu'on ne peut pas frapper le revenu brut. Mais, Messieurs, lorsqu'on a fait de la canne du sirop, de ce sirop du sucre noir, et de ce sucre noir du sucre blanc, pouvez-vous dire que c'est encore la matière brute que vous frappez? Évidemment non. Donc dans ce produit que vous supposez un revenu brut n'existerait qu'un revenu net.

Ainsi donc, Messieurs, si vous vous arrêtiez à ces considérations, vous arriveriez fatalement à la suppression complète de l'impôt à la sortie; vous n'auriez même pas le droit de le diminuer si vous le vouliez, puisqu'on vous conteste le droit de l'augmenter.

Voilà, Messieurs, ce que j'avais à dire. Le conseil pourra décider s'il est suffisamment éclairé.

M. Le Dentu. Je ne crois pas nécessaire de répliquer à M. Iphigénie; je m'en rapporte au conseil pour suppléer à ma réponse.

M. le Directeur de l'intérieur. J'ai quelques observations à présenter au sujet de ce qu'a dit M. Souques sur le procès intenté par sa société à la colonie. M. Souques attribue la solution adoptée par le conseil d'État à l'insuffisance des documents produits par l'administration à l'appui du dossier qui a été, à cette occasion, transmis au ministère. J'ignore quels ont pu être ces documents, car il s'agit ici d'un fait déjà ancien; mais je sais que pour repousser la prétention de l'usine d'Arboussier, le conseil d'État s'est appuyé non pas sur des détails de législation coloniale, mais sur les grands principes du droit public métropolitain.

Le rapporteur de l'affaire, dont j'ai cité les paroles, dit à ce sujet :

« ... Cette considération explique que dans les documents « émanés des autorités coloniales, l'impôt sur les sucres ait « continué, jusque dans ces derniers temps, à être rangé dans « la catégorie des impôts directs. Mais, quelle que soit l'autorité « de ces documents, ils ne sauraient avoir pour effet de changer « le caractère d'un impôt, tel qu'il résulte de notre système financier, et, en dénaturant le caractère, de changer la compétence « dont il relève. »

Le conseil d'État savait donc qu'il existait des documents qui avaient placé autrefois le droit à la sortie parmi les contributions directes; il a été mis en mesure de juger en connaissance de cause.

Au surplus, ce n'était pas à l'administration de présenter au conseil d'État les moyens de défense de M. Souques; c'est un soin qui ne pouvait incomber qu'à M. Souques lui-même.

En ce qui touche la classification et la nature du droit de sortie, je croyais, après ce qu'a dit M. Le Dentu, que toute confusion avait disparu, que le droit du conseil général à délibérer sur la matière avait été reconnu; ou il n'en est rien, ou cette discussion n'a plus *de raison d'être*.

L'arrêté de 1848 n'a pas eu pour but de déterminer si le droit à la sortie était un impôt direct ou un impôt indirect; s'il l'avait fait, il aurait violé le principe de la séparation des pouvoirs. La détermination de la nature d'un impôt relève de règles supérieures aux pouvoirs locaux; elle ne résulte pas de la place que cet impôt occupe dans le budget, mais de son caractère distinctif et de son mode de recouvrement. C'est aux tribunaux qu'il appartient de dissiper, par voie d'interprétation, les doutes qui peuvent se produire en cette matière. Or, les tribunaux ordinaires et administratifs ont prononcé; la question est donc à l'abri de toute contestation.

S'il fallait discuter encore, on pourrait affirmer que le conseil général a souscrit à la classification adoptée par l'administration pour le droit de sortie. La commission financière de cette assemblée, dont les propositions ont été adoptées, n'a pas manqué de comprendre le droit de sortie parmi les contributions indirectes; si le conseil général n'avait pas accepté la classification adoptée par sa propre commission, il aurait depuis longtemps réclamé le rétablissement de cette taxe parmi les impôts directs.

En ce qui touche les centimes additionnels perçus par les communes, le gouverneur de 1848, par suite de la suppression du conseil colonial, avait qualité pour déterminer les revenus communaux, et aucun texte n'interdisait de prélever des centimes additionnels sur les droits de sortie, même considérés comme impôt indirect. Les communes ne sauraient donc être frustrées d'une recette qui leur a été légalement attribuée.

M. Lacascade, rapporteur. Messieurs, ma tâche s'est beaucoup simplifiée.

Je n'abuserai donc pas des instants du conseil.

Pour répondre au long mémoire que M. Souques nous a lu avant-hier, à ses arguments d'hier matin et à plusieurs autres de mes collègues, je n'aurais que deux choses à faire : redire ce que j'ai dit tout d'abord, puis reprendre la belle théorie de M. le directeur de l'intérieur sur la légitimité du principe que j'invoque.

A plusieurs reprises, j'ai eu à faire ressortir devant le conseil que l'impôt dont il s'agit ne frappe qu'une denrée à la sortie, et non le revenu brut ni de l'habitant ni de l'usinier. Mon collègue, M. Sarlat, vient de vous le démontrer encore avec son éloquence habituelle.

La question, pour moi, est donc parfaitement élucidée : cet impôt est purement indirect.

Je remercie M. le directeur de l'intérieur d'avoir fait la besogne pour moi.

Quant aux centimes additionnels qui ne frappent, dit-on, que les impôts directs, M. le directeur de l'intérieur nous a retiré toute inquiétude à cet égard. Quelle que soit la modification que nous apporterons à cet article du budget, les communes conserveront toujours leurs mêmes droits qu'auparavant ; à l'occasion elles sauront donc les revendiquer.

Mais il y a autre chose. MM. Souques et Le Dentu ont déclaré que le conseil général n'a que le droit de délibérer dans l'espèce.

Cette importante question, vous le savez, Messieurs, a été longuement discutée dans la session ordinaire de 1868. Voici dans quel sens le conseil général de cette époque l'a résolue : « Le président clôt la discussion et pose au conseil la question de savoir s'il entend statuer ou simplement délibérer sur le point qui vient de lui être soumis.

« L'assemblée déclare qu'elle entend statuer. »

Puis, au début de la séance suivante, nous trouvons ceci :

« Un membre, prenant la parole pour combattre les propositions de la commission, déclare qu'il n'a plus à s'occuper de la question relative au droit du conseil général de voter des impôts différentiels sur le sucre. L'assemblée s'est prononcée ce matin, et l'a résolue affirmativement. Reste donc la question d'opportunité ; c'est à ce point de vue qu'il va se placer. »

Vous le voyez donc, cette question a été déjà tranchée.

Je ne veux pas non plus, Messieurs, m'engager dans une discussion oiseuse en réfutant les chiffres souverainement exagérés de M. Dubos ; il me faudrait le suivre pas à pas dans son discours écrit et relever certaines expressions malheureuses qui ont passablement étonné la majorité du conseil. Mon collègue, M. Sarlat, s'est du reste acquitté de cette dernière mission.

Je ne saisis donc que le seul argument saillant au point de vue du budget de la colonie.

Les adversaires de la surtaxe nous disent : « Le fisc a gagné à l'établissement des usines. » Quoi ! les usines donnent par an 210,000 francs de plus au fisc, depuis vingt ans, nous dites-vous ? Oubliez-vous donc, que, depuis vingt ans, par le seul fait de l'extension donnée à l'immigration, la colonie subventionne les usines d'un million de plus par an ?

En 1860, le budget de la colonie était de 3,500,000 francs,

c'était suffisant; il est aujourd'hui de 5,000,000, c'est insuffisant. Depuis longtemps nous n'inscrivons que pour mémoire des travaux dont l'urgence vous paraissait pourtant incontestable, et quand nous nous hasardons à entreprendre l'un d'eux, il reste parfois inachevé.

Que sont devenus ces projets de construction d'un hôtel du gouvernement, d'un réseau télégraphique? Tout le temps que le conseil général a donné, sans murmurer, 36,000 francs de subvention au collège diocésain, il n'a pas été question de notre lycée. Il n'était plus possible d'ajourner la construction de l'établissement des aliénés; mais pour faire face à la dépense, il a fallu emprunter, et la commission financière nous propose d'en faire autant pour la construction du pont de la Grand'Rivière Goyave et pour celle du pont de la Rivière-Salée! La tour du phare du Gosier, abandonnée depuis trois ans, offre, aux yeux de toutes les nations le spectacle écœurant de notre médiocrité, de notre impuissance.

A cela, on me dira que le conseil général a fait ce qu'il avait à faire, qu'il vote tous les ans les crédits nécessaires. Non, Messieurs, cela tient à l'insuffisance de nos ressources trop faibles pour satisfaire les plus pressants besoins de la colonie, besoins occasionnés surtout par l'usine.

Nous réparons, tous les ans, nos routes dégradées par les pesants charrois des usines; nous soulageons aussi quelques infortunes dans la proportion de 1/100 environ, mais voilà tout. Nous avons, il est vrai, le triste avantage de posséder, pour notre agriculture, vingt-quatre mille mauvais travailleurs étrangers, mais les contribuables qui n'en profitent point payent aussi les décimes dont leurs contributions sont passibles.

La situation est donc plus mauvaise aujourd'hui qu'elle ne l'était il y a vingt ans. Cette situation, Messieurs, est due à l'usine, c'est-à-dire les capitaux métropolitains, on nous l'a dit, l'usine, qui, en pleine voie de prospérité par suite des faveurs de la colonie, après avoir chassé les anciens colons, s'est substituée à leur place et exporte loin de la colonie le bénéfice, oui, Messieurs, le gros bénéfice, car il existe; le bénéfice, dis-je, de la presque totalité de nos produits. Autrefois, ce bénéfice était moindre, mais il restait dans le pays; aujourd'hui il est gros, très gros même, et il est exporté.

Heureusement que les intelligences se développent et que, par ce moyen, nous avons encore l'espoir de sauver notre pays.

Je n'irai pas plus loin, Messieurs, vous êtes éclairés.

M. le Directeur de l'intérieur. Il me paraît impossible que le conseil ne veuille pas se bien rendre compte de sa compétence, avant de prendre une décision. Il ne suffit pas que le conseil général ait affirmé en 1868 qu'il entendait statuer pour que la question de droit soit tranchée. Il est incontestable qu'il s'agit ici d'un changement à l'assiette de l'impôt; le conseil ne peut donc que délibérer; agir autrement, ce serait courir au devant d'un échec.

M. LE PRÉSIDENT. La discussion est close.

M. JEAN-LOUIS jeune. Je demande la parole.

M. LE PRÉSIDENT. Je ne puis vous l'accorder après la clôture de la discussion.

M. JEAN-LOUIS jeune. Je voulais expliquer que tout en me ralliant au principe de la surtaxe je faisais mes réserves sur son application. Je me tais puisque la parole ne peut m'être accordée.

M. LE PRÉSIDENT. Je vais mettre aux voix le principe de la surtaxe.

M. SOUQUES. Il y a une question préjudicielle à trancher; celle de savoir si le conseil général entend statuer ou délibérer.

M. LE PRÉSIDENT. Est-il nécessaire que le conseil général se prononce sur ce point?

M. LE DENTU. Le rapport de la commission financière déclare que le conseil a le droit de statuer; si le principe de la surtaxe est admis, le conseil semblera avoir adopté l'opinion du rapport.

M. SOUQUES. Quand il s'agit de délibérer, il y a des formes particulières à observer. Ce que j'en dis est dans l'intérêt du conseil.

M. LE DIRECTEUR DE L'INTÉRIEUR. Effectivement, les instructions du ministre recommandent de formuler les délibérations sous forme de projet de décret. Si le conseil décide qu'il délibère, le projet de décret sera préparé.

M. SÉBASTIEN. M. le directeur de l'intérieur nous a suffisamment éclairés; il ne peut s'agir que de délibérer.

M. LACASCADE. Le conseil général de 1868 était composé d'hommes dont la compétence ne saurait être mise en doute; et il a déclaré qu'il avait le droit de statuer. La question se représente aujourd'hui dans les mêmes conditions.

M. LE DENTU. Le conseil général de 1868 a laissé les choses en l'état; il n'a donc pas touché à l'assiette de l'impôt.

M. LE DIRECTEUR DE L'INTÉRIEUR. La question a une grande importance; selon sa solution, le conseil sera ou non autorisé à inscrire la recette au budget actuel, et s'il déclare qu'il statue, il s'exposera à ce que l'autorité compétente fasse opposition à son vote.

M. LE PRÉSIDENT. Je consulte le conseil. Entend-il statuer dans la circonstance?

Le conseil répond négativement par 28 voix contre 4.

M. le Président. Nous allons faire la contre-épreuve.

Le conseil entend-il délibérer seulement?

Le conseil répond affirmativement par 25 voix contre 7.

M. le Président. Je vais consulter le conseil sur le principe de la surtaxe.

La proposition suivante a été déposée :

« Nous demandons l'inscription au procès-verbal des noms des membres qui auront voté pour ou contre la surtaxe sur les sucres turbinés.

« Signé : Lacascade, Bastard, Ch. Gervais, C. Nicolas, Hanne, A. Gervais, J. Marie, P. Giraud. »

Le conseil est-il d'avis en principe de surtaxer le sucre d'usine?

Le conseil répond affirmativement par 24 voix contre 8.

Ont voté pour :

MM. Alcée Avril, Bastard, Bioche, Th. Claude, Davis David, Déjean, A. Gervais, Ch. Gervais, P. Giraud, Guilliod, Hanne, Iphigénie, Isaac, Jean-Romain, Jean-Louis jeune, Jérôme, Lacascade, Lavau, J. Marie, C. Nicolas, Raddenais, Rougé, Sarlat et Sébastien.

Ont voté contre :

MM. Alleaume, Dubos, Duchassaing, Emeran, Le Dentu, Raiffer, Rollin et Souques.

M. le Président. La proposition suivante a été déposée :

« Nous demandons le scrutin secret sur tous les votes relatifs à la surtaxe proposée sur les sucres d'usine.

« Signé : Rollin, Emeran, Jean-Romain, Raiffer. »

Le scrutin secret est de droit quand il est réclamé par quatre membres.

Les amendements suivants ont été déposés :

« Nous avons l'honneur de proposer au conseil général, d'une part, un dégrèvement sur le sucre brut, d'autre part, de fixer comme suit les nouvelles taxes :

« Sucre brut, 1 fr. 80 cent. par 100 kilogrammes, en principal;

« Sucre d'usine, 2 fr. 20 cent.

« Signé : A. Isaac, Th. Claude, Bioche. »

« Nous demandons au conseil général de décider que la taxe

sur le sucre brut à la sortie sera de 1 fr. 80 cent., décimes non compris.

« Signé : G. Lacascade, J. Marie, L. Jérôme,
Bastard, C. Nicolas, Déjean. »

Je vais mettre aux voix le premier amendement qui est plus large que la proposition de la commission.

M. Isaac. Je demande la division.

M. Lacascade, rapporteur. Je demande que la question soit posée d'abord pour le sucre turbiné, puisque c'est sur ce sucre que la discussion a porté.

M. le Président. Il va être procédé au scrutin. Ceux qui seront d'avis de taxer le sucre d'usine à raison de 2 fr. 20 cent. mettront un bulletin avec la mention *oui;* ceux qui seront d'un avis contraire mettront un bulletin avec la mention *non*.

Le dépouillement du scrutin donne les résultats suivants :

Nombre des votants	32
Bulletin blanc	1
Suffrages exprimés	31
Majorité absolue	16
Bulletins *non*	19
Bulletins *oui*	12

Le conseil n'a pas adopté.

M. le Président. Le scrutin est ouvert sur la seconde partie de l'amendement tendant à imposer le sucre brut à 1 fr. 80 cent.

Le dépouillement donne les résultats suivants :

Nombre des votants	32
Bulletins blancs	2
Suffrages exprimés	30
Majorité absolue	16
Bulletins *oui*	21
Bulletins *non*	9

Le conseil a adopté.

M. le Président. Il s'agit maintenant de déterminer la taxe à appliquer au sucre d'usine.

L'amendement suivant a été déposé :

« Je propose au conseil général de porter à 3 francs le sucre perfectionné, dit turbiné, du droit à la sortie les 100 kilogrammes.

« Signé : C. Nicolas. »

M. Souques. Ce n'est pas là un amendement, mais la reproduction de la proposition de M. Lacascade.

M. Lacascade. C'est un amendement aux conclusions de la commission.

M. Raddenais. M. Lacascade a déclaré parler non comme rapporteur, mais comme conseiller général.

M. le Président. M. Nicolas a repris la proposition de M. Lacascade en vertu de son droit d'initiative. Le conseil entend-il donner la priorité aux conclusions de la commission?

M. Jean-Romain. Il n'y pas à consulter le conseil; je ne partage pas l'opinion de M. Nicolas, je voterai contre sa proposition; mais son droit incontestable est de réclamer la priorité.

M. le Président. Le scrutin secret est ouvert sur la proposition de M. Nicolas.

Le dépouillement donne les résultats suivants :

Nombre des votants		32
Bulletin blanc		1
Suffrages exprimés		31
Majorité absolue		16
Bulletins *non*	22	
Bulletins *oui*	9	

Le conseil n'a pas adopté.

M. le Président. Le scrutin est ouvert sur les conclusions de la commission tendant à fixer à 2 fr. 50 cent. les 100 kilogrammes le droit sur les sucres turbinés.

Le dépouillement donne les résultats suivants :

Nombre des votants		32
Bulletins blancs		5
Suffrages exprimés		27
Majorité absolue		14
Bulletins *oui*	23	
Bulletins *non*	4	

Le conseil a adopté.

3009. — Imprimerie Lapirot et Boullay, cour des Miracles, 9, à Paris.

www.ingramcontent.com/pod-product-compliance
Ingram Content Group UK Ltd.
Pitfield, Milton Keynes, MK11 3LW, UK
UKHW022059190726
13855UKWH00002B/555

9 782013 425643